Dem Kuttel sein Daddel sein Du

Dem Kuttel sein Daddel sein Du

Komische Gedichte

Herausgegeben
von Walter Gerlach

marixverlag

Bibliografische Information der Deutschen Nationalbibliothek
Die Deutsche Nationalbibliothek verzeichnet diese Publikation in der Deutschen
Nationalbibliografie; detaillierte bibliografische Daten sind im Internet über
http://dnb.d-nb.de abrufbar.

© by marixverlag in der Verlagshaus Römerweg GmbH, Wiesbaden 2014
Covergestaltung: Groothuis. Gesellschaft der Ideen und Passionen mbH
Hamburg Berlin
Bildnachweis: © Michael Sowa; Motiv: „Februar"
Satz und Bearbeitung: SATZstudio Josef Pieper, Bedburg-Hau
Der Titel wurde in der Minon Pro gesetzt.
Gesamtherstellung: CPI books GmbH, Ulm
Printed in Germany

ISBN: 978-3-86539-382-1

www.marixverlag.de

„Lachen reinigt die Zähne.“
Afrikanisches Sprichwort

INHALT

Im Heine-Salon

Tusch für Busch

Aus Friederikes Schatzkästlein

Friederike Kempner

Sternnatz & Ringelmorgen

BALL-SAISON MIT ARTMANN, JANDL, RÜHM, RÜHMKORF, SCHWITTERS UND HUGO BALL

WEDEKIND UND WEDEKINDS BRÜDER

ROBERT UND SEINE SPASSGESELLEN

KITZELN MIT REIMEN:
WEITERE ERLESENE ZWERCHFELLPFLEGER

LETZTE LACHER MIT FREUND HEIN

GOETHE & CO.

JOHANN WOLFGANG VON GOETHE

Der Rezensent

Da hatt' ich einen Kerl zu Gast,
Er war mir eben nicht zur Last;
Ich hatt' just mein gewöhnlich Essen,
Hat sich der Kerl pumpsatt gefressen,
Zum Nachtisch, was ich gespeichert hatt'.
Und kaum ist mir der Kerl so satt,
Tut ihn der Teufel zum Nachbar führen
Über mein Essen zu räsonieren:
„Die Supp' hätt' können gewürzter sein,
Der Braten brauner, firner der Wein."
Der Tausendsakerment!
Schlagt ihn tot den Hund! Er ist ein Rezensent.

GOTTHOLD EPHRAIM LESSING

Auf einen gewissen Leichenredner

O Redner! dein Gesicht zieht jämmerliche Falten,
Indem dein Maul erbärmlich spricht.
Eh du mir sollst die Leichenrede halten,
Wahrhaftig, lieber sterb' ich nicht!

FRIEDRICH VON BODENSTEDT

Das Lied von der Nase

Hat man so manches Lied gemacht
Das weit von Mund zu Munde geht,
Und gar nicht mehr an das gedacht,
Was uns zunächst vor Augen steht:
  Die Nase!

Was macht es, daß der Staat besteht,
Daß jeder frei und glücklich sei,
Die Welt nicht aus den Fugen geht?
Die Nase macht's der Polizei,
  Die Nase!

Wenn man im Blumenbeet spaziert,
Und wenn man schnupft, und wenn man raucht,
Wenn man ein Gläschen Wein probiert,
Was ist's, das man vor allem braucht?
  Die Nase?

Und Nachts, wenn man nicht sehen kann,
Wo selbst die hellsten Augen blind,
Wer sagt uns dann, wer sagt uns dann
Nachts, wo die schönsten Blumen sind?

  Die Nase!

Und ob die Nase hoch und spitz,
Und ob sie platt, und ob sie breit:
Sie offenbart des Menschen Witz,
Zeigt, ob er dumm, ob er gescheit,
    Die Nase!

Aus mancher rothen Nase spricht's,
Daß sie gefärbt vom Glase ist,
Und in der Wüste des Gesichts
Die blühende Oase ist,
    Die Nase!

Und sagt nicht schon ein alter Spruch,
Ein Spruch, bekannt durch alle Welt:
Er ist ein Mensch gut von Geruch,
Das heißt: bei ihm ist gut bestellt
    Die Nase!

Man preist in Liedern männiglich
Der Schönen Wuchs und Angesicht,
Und kümmert sich, und kümmert sich
Um seine eigne Nase nicht,
    Die Nase!

Der lange schon kein Lieder erklang,
Ihr sei dies Ständchen dargebracht!
Sie laß ich leben im Gesang,
Bis einer kommt, der's besser macht,
    Der Nase.

EDUARD MÖRIKE

Alles mit Maß

Mancherlei sind es der Gaben, die gütige Götter den Menschen
Zum Genusse verliehn sowie für die tägliche Notdurft.
Aber vor jeglichem Ding begehr ich gebratenen Schweinsfuß.
Meine Frau Wirtin, die merkt's: Nun hab ich alle Tage
      Schweinsfüß.
Öfters im Geist ahnt mir: Jetzt ist kein einziger Schweinsfuß
Mehr in der Stadt zu erspähn; was hab ich am Abende?
      Schweinsfüß!
Spräche der König nun gleich zum Hofkoch: „Schaffe mir
      Schweinsfüß!"
Gnade der Himmel dem Mann! Denn nirgend mehr wandelt
      ein Schweinsfuß.
Und ich sagte zur Wirtin zuletzt: „Nun laßt mir die
      Schweinsfüß!
Denn er schmeckt mir nicht mehr wie sonst, der bräunliche
      Schweinsfuß."
Aber sie denkt, aus Zartgefühl nur verbät ich die Schweinsfüß,
Lächelnd bringet sie mir auch heute gebratenen Schweinsfuß –
Ei, so hole der Teufel auf ewig die höllischen Schweinsfüß!

JOSEPH VICTOR VON SCHEFFEL

Der Ichthyosaurus

Nach der Melodie „Ich weiß nicht, was soll es bedeuten"

Es rauscht in den Schachtelhalmen,
Verdächtig leuchtet das Meer,
Da schwimmt mit Tränen im Auge
Ein Ichthyosaurus daher.

Ihn jammert der Zeiten Verderbnis,
Denn ein sehr bedenklicher Ton
War neuerlich eingerissen
In der Liasformation.

  „Der Plesiosaurus, der Alte,
Er jubelt in Saus und Braus,
Der Pterodaktylus selber
Flog neulich betrunken nach Haus.

Der Iguanodon, der Lümmel,
Wird frecher zu jeglicher Frist,
Schon hat er am hellen Tage
Die Ichthyosaura geküßt.

  Mir ahnt eine Weltkatastrophe,
So kann es ja länger nicht gehen;
Was soll aus dem Lias noch werden,
Wenn solche Dinge geschehn?"

So klagte der Ichthyosaurus,
Da ward es ihm kreidig zumut';
Sein letzter Seufzer verhallte
Im Qualmen und Zischen der Flut.

Es starb zu derselbigen Stunde
Die ganze Saurierei,
Sie kamen zu tief in die Kreide,
Da war es natürlich vorbei.

Und der uns hat gesungen
Dies petrefaktische Lied,
Der fand's als fossiles Albumblatt
Auf einem Koprolith.

JOHANN WILHELM LUDWIG GLEIM

Lauter Hirsche

Ein Hirsch mit prächtigem Geweih
   von achtzehn Enden ging spazieren,
Ein Hase lief vorbei,
Sah ihn und stutzte.
   Starr auf allen vieren
Steht er und gafft ihn an,
Macht Männchen, geht heran
   und sagt:
      „Sieh mich doch an!
Ich bin ein kleiner Hirsch;
Denn spitz' ich meine Ohren,
So hab' ich solch Geweih wie du."
Ein Esel hörte zu und sagte: „Du hast recht,
Wir sind von einerlei Geschlecht,
Der Hirsch und ich und du."
Der Hirsch tat einen Seitenblick
    und ging in seinen Wald zurück.

THEODOR FONTANE

Leberreime

Die Leber ist von einem Hecht und nicht von einer Schleie,
Der Fisch will trinken, gebt ihm was, daß er vor Durst nicht
   schreie.

Die Leber ist von einem Hecht und nicht von einem Störe,
Es lebe Lehrer Klingenstein, der Kantor der Kantöre!

THEODOR STORM

August
Inserat

Die verehrlichen Jungen, welche heuer
Meine Äpfel und Birnen zu stehlen gedenken,
Ersuche ich höflichst, bei diesem Vergnügen
Womöglich insoweit sich zu beschränken,
Daß sie daneben auf den Beeten
Mir die Wurzeln und Erbsen nicht zertreten.

MATTHIAS CLAUDIUS

Der Esel

Hab nichts, mich dran zu freuen,
Bin dumm und ungestalt.
Ohn Mut und ohn Gewalt;
Mein spotten, und mich scheuen
Die Menschen, jung und alt:
Bin weder warm noch kalt.

Hab nichts, mich dran zu freuen,
Bin dumm und ungestalt;
Muß Stroh und Disteln käuen;
Wird unter Säcken alt –

Ah, die Natur schuf mich im Grimme!
Sie gab mir nichts, als eine schöne Stimme.

CHRISTIAN FRIEDRICH DANIEL SCHUBART

Schneiderlied

Als einst ein Schneider wandern soll,
Weint er und schrie er sehr:
O Mutter lebe ewig wohl
Mich siehst du nimmermehr!
Die Mutter weint entsetzlich
Das laß ich nicht geschehen
Du sollst mir nicht so plötzlich
Aus deiner Heimat gehen.

O Mutter, nein, ich muß von hier,
Ist das nicht jämmerlich!
Mein Büble, ich weiß Rath dafür,
Verstecken will ich dich.
In meinem Taubenschlag
Verberg ich dich mein Kind,
Bis deine Wandertag
Gesund verflossen sind.

Mein guter Schneider merkt sich dies
Und thut als gieng er fort,
Nahm traurig Abschied und verließ
Sich auf der Mutter Wort.

Doch abends nach der Glocke
Stellt er sich wieder ein
Und kroch gleich einem Bocke
In Taubenschlag hinein.

28

Hier gieng er auf die Wanderschaft
Im Schlage auf und ab,
Und wartete, bis ihm zur Kraft
Die Mutter Nudeln gab.
Am Tag war er auf Reisen
Und ach! in finstrer Nacht,
Da hat er mit den Mäusen
Und Ratten manche Schlacht.

Einst hatte seine Schwester Streit
Nicht weit von seinem Haus.
Er hört, wie seine Schwester schreit
Und guckt zum Schlag hinaus.
Mein Schneiderlein ergrimmte,
Macht eine Faust und droht:
„Wär' ich nicht in der Fremde,
Ich schlüge dich zu todt!"

ARTHUR SCHOPENHAUER

Gebet eines Skeptikers

Gott, – wenn Du bist, – errette aus dem Grabe
Meine Seele, – wenn ich eine habe.

EDUARD MÖRIKE

Nach einer schläfrigen Vorlesung von „Romeo und Julia"

„Guten Morgen, Romeo;
Wie geschlafen?"
        „Ach – so so.
Und du, süße Julia?"
„Ebenfalls so so la la!"

JOSEPH VICTOR VON SCHEFFEL

Das Hildebrandlied

Hiltibraht enti Hadhubrant …

Hildebrand und sein Sohn Hadubrand,
   Hadubrand,
Ritten selbander in Wut entbrannt,
   Wut entbrannt
Gegen die Seestadt Venedig.

Hildebrand und sein Sohn Hadubrand,
   Hadubrand,
Keiner die Seestadt Venedig fand,
   Venedig fand,
Da schimpften die beiden unflätig.

Hildebrand und sein Sohn Hadubrand,
   Hadubrand,
Ritten bis da, wo ein Wirtshaus stand,
   Wirtshaus stand,
Wirtshaus mit kühlen Bieren.

Hildebrand und sein Sohn Hadubrand,
   Hadubrand,
Trunken sich beid' einen Riesenbrand,
   Riesenbrand,
Krochen heim auf allen vieren …

FRIEDRICH VON SCHILLER

Bittschrift

Dumm ist mein Kopf und schwer wie Blei,
   Die Tobaksdose ledig,
Mein Magen leer – der Himmel sei
   Dem Trauerspiele gnädig.

Ich kratze mit dem Federkiel
   Auf den gewalkten Lumpen;
Wer kann Empfindung und Gefühl
   Aus hohlem Herzen pumpen?

Feu'r soll ich gießen aufs Papier
   Mit *angefrornem* Finger – –
O Phöbus, hassest du Geschmier,
   So wärm' auch deine Sänger.

Die Wäsche klatscht vor meiner Tür,
   Es scharrt die Küchenzofe –
Und mich – mich ruft das Flügeltier
   Nach König Philipps Hofe.

Ich steige mutig auf das Roß;
   In wenigen Sekunden
Seh' ich Madrid – am Königsschloß
   Hab' ich es angebunden.

Ich eile durch die Galerie
    Und – siehe da! – belausche
Die junge Fürstin Eboli
    In süßem Liebesrausche.

Jetzt sinkt sie an des Prinzen Brust
    Mit wonnevollem Schauer,
In *ihren* Augen Götterlust,
    Doch in den *seinen* Trauer.

Schon ruft das schöne Weib Triumph,
    Schon hör' ich – Tod und Hölle!
Was hör' ich? – einen nassen Strumpf
    Geworfen in die Welle.

Und weg ist Traum und Feerei –
    Prinzessin, Gott befohlen!
Der Teufel soll die Dichterei
    Beim Hemdenwaschen holen.

EDUARD MÖRIKE

Restauration
nach Durchlesung eines Manuskripts mit Gedichten

Das süße Zeug ohn Saft und Kraft!
Es hat mir all mein Gedärm erschlafft.
Es roch, ich will des Henkers sein,
Wie lauter welke Rosen und Kamilleblümlein.
Mir ward ganz übel, mauserig, dumm,
Ich sah mich schnell nach was Tüchtigem um,
Lief in den Garten hinterm Haus,
Zog einen herzhaften Rettich aus,
Fraß ihn auch bis auf den Schwanz,
Da war ich wieder frisch und genesen ganz.

JOSEPH VICTOR VON SCHEFFEL

Guano

Ich weiß eine friedliche Stelle
Im schweigenden Ozean,
Kristallhell schäumet die Welle
Am Felsengestade hinan.
Im Hafen erblickst du kein Segel,
Keines Menschen Fußtritt am Strand;
Viel tausend reinliche Vögel
Hüten das einsame Land.

Sie sitzen in frommer Beschauung,
Kein einz'ger versäumt seine Pflicht,
Gesegnet ist ihre Verdauung
Und flüssig als wie ein Gedicht.
Die Vögel sind all Philosophen,
Ihr oberster Grundsatz gebeut:
Den Leib halt' allzeit offen
Und alles andre gedeiht.

Was die Väter geräuschlos begonnen,
Die Enkel vollenden das Werk:
Geläutert von tropischen Sonnen,
Schon türmt es empor sich zum Berg.

Sie sehen im rosigsten Lichte
Die Zukunft und sprechen in Ruh':
„Wir bauen im Lauf der Geschichte
Noch den ganzen Ozean zu."

Und die Anerkennung der Besten
Fehlt ihren Bestrebungen nicht,
Denn fern im schwäbischen Westen
Der Böblinger Repsbauer spricht:
„Gott segn' euch, ihr trefflichen Vögel,
An der fernen Guanoküst', –
Trotz meinem Landsmann, dem Hegel,
Schafft ihr den gediegensten Mist!"

JOHANN WOLFGANG VON GOETHE

Meine Wahl

Ich liebe mir den heitern Mann
Am meisten unter meinen Gästen;
Wer sich nicht selbst zum besten haben kann,
Der ist gewiß nicht von den Besten.

LUDWIG UHLAND

Der weiße Hirsch

Es gingen drei Jäger wohl auf die Pirsch,
Sie wollten erjagen den weißen Hirsch.

Sie legten sich unter den Tannenbaum,
Da hatten die drei einen seltsamen Traum.

Der Erste:
Mir hat geträumt, ich klopf' auf den Busch,
Da rauschte der Hirsch heraus, husch husch!

Der Zweite:
Und als er sprang mit der Hunde Gekläff,
Da brannt ich ihm auf das Fell, piff paff!

Der Dritte:
Und als ich den Hirsch an der Erde sah,
Da stieß ich lustig ins Horn, trara!

So lagen sie da und sprachen, die drei,
Da rannte der weiße Hirsch vorbei.

Und eh die drei Jäger ihn recht gesehn,
So war er davon über Tiefen und Höhn.
Husch husch! Piff paff! Trara!

FRIEDRICH RÜCKERT

Grammatische Deutschheit

Neulich deutschten auf Deutsch vier deutsche
      Deutschlinge deutschend,
  Sich überdeutschend am Deutsch, welcher der
      Deutscheste sey.
Vier deutschnamig benannt: Deutsch, Deutscherig,
      Deutscherling, Deutschdich;
  Selbst so hatten zu deutsch sie sich die Namen
      gedeutscht.
Jetzt wettdeutschten sie, deutschend in grammatikalischer
      Deutschheit,
  Deutscheren Comparativ, deutschesten Superlativ.
„Ich bin deutscher als deutsch." „Ich deutscherer."
      „Deutschester bin ich."
  „Ich bin der Deutschereste, oder der Deutschestere."
Drauf durch Comparativ und Superlativ fortdeutschend,
  Deutschten sie auf bis zum – Deutschesteresteresten;
Bis sie vor comparativisch- und superlativischer
      Deutschung
  Den Positiv von Deutsch hatten vergessen zuletzt.

GOTTHOLD EPHRAIM LESSING

Der über uns

Hans Steffen stieg bei Dämmerung (und kaum
konnt er vor Näschigkeit die Dämmerung erwarten)
in seines Edelmannes Garten
und plünderte den besten Äpfelbaum.

Johann und Hanne konnten kaum
vor Liebesglut die Dämmerung erwarten,
und schlichen sich in eben diesen Garten,
von ungefähr an eben diesen Äpfelbaum.

Hans Steffen, der im Winkel oben saß
und fleißig brach und aß,
ward mäuschenstill, vor Wartung böser Dinge,
daß seine Näscherei ihm diesmal schlecht gelinge.
Doch bald vernahm er unten Dinge,
worüber er der Furcht vergaß
und immer sachte weiter aß.

Johann warf Hannen in das Gras.
„O pfui!" rief Hanne; welcher Spaß!
Nicht doch, Johann! – Ei was?
O, schäme dich! – Hier ist es naß." –
„Naß, oder nicht; was schadet das?
Es ist ja reines Gras." –

Wie dies Gespräche weiter lief,
das weiß ich nicht. Wer braucht's zu wissen?
Sie stunden wieder auf und Hanne seufzte tief:
„So, schöner Herr! heißt das bloß küssen?
Das Männerherz! Kein einz'ger hat Gewissen!
Sie könnten es uns so versüßen!
Wie grausam aber müssen
wir armen Mädchen öfters dafür büßen!
Wenn nun auch mir ein Unglück widerfährt –
ein Kind – ich zittre – wer ernährt
mir dann das Kind? Kannst du es mir ernähren?"
„Ich?" sprach Johann, „die Zeit mag's lehren.
Doch wird's auch nicht von mir ernährt,
der über uns wird's schon ernähren,
dem über uns vertrau!"

Dem über uns! Dies hörte Steffen.
Was, dachte er, will das Pack mich äffen?
Der über ihnen? Ei, wie schlau!
„Nein!" schrie er, „laßt euch andre Hoffnung laben!
Der über euch ist nicht so toll!
Wenn ich ein Bankbein nähren soll:
so will ich es auch selbst gedrechselt haben!"

Wer hier erschrak und aus dem Garten rann,
das waren Hanne und Johann.
Doch gaben bei dem Edelmann
sie auch den Apfeldieb wohl an?
Ich glaube nicht, daß sie's getan.

CHRISTIAN FÜRCHTEGOTT GELLERT

Der Selbstmord

O Jüngling, lern aus der Geschichte,
die dich vielleicht zu Tränen zwingt,
was für bejammernswerte Früchte
die Liebe zu den Schönen bringt!

Ein Beispiel wohlerzogner Jugend,
des alten Vaters Trost und Stab,
ein Jüngling, der durch frühe Tugend
zur größten Hoffnung Anlaß gab;

den zwang die Macht der schönen Triebe,
Climenen zärtlich nach zu gehn;
er seufzt, er bat um Gegenliebe;
allein vergebens war sein Flehn.

Fußfällig klagt er ihr sein Leiden.
Umsonst! Climenen heißt ihn fliehn.
Ja, schreit er, ja ich will dich meiden,
ich will mich ewig dir entziehn.

Er reißt den Degen aus der Scheide,
und – – o was kann verwegner sein!

Kurz, er besieht die Spitz und Schneide,
und steckt ihn langsam wieder ein.

FRIEDRICH THEODOR VISCHER

Prähistorische Ballade

Ein Ichthyosaur sich wälzte
    Am schlammigen, mulstrigen Sumpf.
Ihm war in der Tiefe der Seele
    So säuerlich, saurisch und dumpf,

So dämlich, so zäh und so tranig,
    So schwer und so bleiern und stumpf;
Er stürzte sich in das Moorbad
    Mit platschendem, tappigen Pflumpf.

Da sah er der Ichthyosaurin,
    So zart und so rund und so schlank,
Ins schmachtende Eidechsenauge,
    Da ward er vor Liebe so krank.

Da zog es ihn hin zu der Holden
    Durchs klebrige Urweltgemüs,
Da ward aus dem Ichthyosauren
    Der zärtlichste Ichthyosüß.

44

JOHANN WOLFGANG VON GOETHE

Beruf des Storches

Der Storch, der sich von Frosch und Wurm
Aus unserm Teiche nähret,
Was nistet er auf dem Kirchenturm,
Wo er nicht hingehöret?

Dort klappt und klappert er genung,
Verdrießlich anzuhören;
Doch wagt es weder Alt noch Jung
Ihm in das Nest zu stören.

Wodurch – gesagt mit Reverenz –
Kann er sein Recht beweisen,
Als durch die löbliche Tendenz
Auf's Kirchendach zu … … …

EDUARD MÖRIKE

Auf ein Ei geschrieben

Ostern ist zwar schon vorbei,
Also dies kein Osterei;
Doch wer sagt, es sei kein Segen,
Wenn im Mai die Hasen legen?
Aus der Pfanne, aus dem Schmalz
Schmeckt ein Eilein jedenfalls,
Und kurzum, mich tät's gaudieren,
Dir dies Ei zu präsentieren,
Und zugleich tät es mich kitzeln,
Dir ein Rätsel draufzukritzeln.

Die Sophisten und die Pfaffen
Stritten sich mit viel Geschrei:
Was hat Gott zuerst erschaffen,
Wohl die Henne? wohl das Ei?

Wäre das so schwer zu lösen?
Erstlich ward ein Ei erdacht:
Doch weil noch kein Huhn gewesen,
Schatz, so hat's der Has' gebracht.

MATTHIAS CLAUDIUS

Urians Reise um die Welt mit Anmerkungen

Wenn jemand eine Reise tut,
So kann er was erzählen;
Drum nahm ich meinen Stock und Hut
Und tät das Reisen wählen.

TUTTI:
Da hat Er gar nicht übel dran getan;
Verzähl' Er doch weiter, Herr Urian!

Zuerst ging's an den Nordpol hin;
Da war es kalt, bei Ehre!
Da dacht' ich denn in meinem Sinn,
Daß es hier besser wäre.

TUTTI:
Da hat Er gar nicht übel dran getan;
Verzähl' Er doch weiter, Herr Urian!

In Grönland freuten sie sich sehr,
Mich ihres Orts zu sehen,
Und setzten mir den Trankrug her;
Ich ließ ihn aber stehen.

TUTTI:
Da hat Er gar nicht übel dran getan;
Verzähl' er doch weiter, Herr Urian!

Die Esquimaux sind wild und groß,
Zu allem Guten träge;
Da schalt ich Einen einen Kloß
Und kriegte viele Schläge.

TUTTI:
Da hat Er gar nicht übel dran getan:
Verzähl' Er doch weiter, Herr Urian!

Nun war ich in Amerika;
Da sagt' ich zu mir: Lieber!
Nordwestpassage ist doch da;
Mach dich einmal darüber!

TUTTI:
Da hat Er gar nicht übel dran getan;
Verzähl Er doch weiter, Herr Urian!

Flugs ich an Bord und aus ins Meer,
Den Tubus festgebunden,
Und suchte sie die Kreuz und Quer,
Und hab' sie nicht gefunden.

TUTTI:
Da hat Er gar nicht übel dran getan;
Verzähl' Er doch weiter, Herr Urian!

Von hier ging ich nach Mexiko,
Ist weiter als nach Bremen,
Da, dacht' ich, liegt das Gold wie Stroh,
Du sollst 'n Sack voll nehmen.

TUTTI:
Da hat Er gar nicht übel dran getan;
Verzähl' Er doch weiter, Herr Urian!

Allein, allein, allein, allein,
Wie kann ein Mensch sich trügen!
Ich fand da nichts als Sand und Stein
Und ließ den Sack da liegen.

TUTTI:
Da hat Er gar nicht übel dran getan;
Verzähl' Er doch weiter, Herr Urian!

Drauf kauft' ich etwas kalte Kost,
Und Kieler Sprott und Kuchen,
Und setzte mich auf Extrapost,
Land Asia zu besuchen.

TUTTI:
Da hat Er gar nicht übel dran getan;
Verzähl' Er doch weiter, Herr Urian!

Der Mogul ist ein großer Mann
Und gnädig über Maßen
Und klug; er war itzt eben dran,
'n Zahn ausziehn zu lassen.

TUTTI:
Da hat Er gar nicht übel dran getan;
Verzähl' Er doch weiter, Herr Urian!

Hm! dacht' ich, der hat Zähnepein,
Bei aller Größ' und Gaben!
Was hilft's denn auch noch: Mogul sein?
Die kann man so wohl haben.

TUTTI:
Da hat Er gar nicht übel dran getan;
Verzähl' Er doch weiter, Herr Urian!

Ich gab dem Wirt mein Ehrenwort,
Ihn nächstens zu bezahlen;
Und damit reist' ich weiter fort
Nach China und Bengalen.

TUTTI:
Da hat Er gar nicht übel dran getan;
Verzähl' Er dcch weiter, Herr Urian!

Nach Java und nach Otaheit,
Und Afrika nicht minder;
Und sah bei der Gelegenheit
Viel Städt' und Menschenkinder;

TUTTI:
Da hat Er gar nicht übel dran getan;
Verzähl' Er doch weiter, Herr Urian!

Und fand es überall wie hier,
Fand überall 'n Sparren,
Die Menschen grade so wie wir
Und ebensolche Narren.

TUTTI:
Da hat er übel übel dran getan;
Verzähl' Er nicht weiter, Herr Urian!

JOSEPH VICTOR VON SCHEFFEL

Eine traurige Geschichte

Ein Hering liebt' eine Auster
Im kühlen Meeresgrund;
Es war sein Dichten und Trachten
Ein Kuß von ihrem Mund.

Die Auster, die war spröde,
Sie blieb in ihrem Haus;
Ob der Hering sang und seufzte,
Sie schaute nicht heraus.

Nur eines Tags erschloß sie
Ihr duftig Schalenpaar;
Sie wollt' im Meeresspiegel
Beschauen ihr Antlitz klar.

Schnell kam der Hering geschwommen,
Streckt seinen Kopf hinein
Und dacht' an einem Kusse
In Ehren sich zu freun!

O Harung, armer Harung,
Wie schwer bist du blamiert!
Sie schloss in Wut die Schalen,
Da war er guillotiniert.

Jetzt schwamm sein toter Leichnam
Wehmütig im grünen Meer
Und dacht': „In meinem *Leben*
Lieb' ich keine Auster mehr!"

JOHANN WOLFGANG VON GOETHE

Freuden des jungen Werthers

Ein junger Mensch, ich weiß nicht, wie,
Starb einst an der Hypochondrie
Und ward denn auch begraben.
Da kam ein schöner Geist herbei,
Der hatte seinen Stuhlgang frei,
Wie's denn so Leute haben.
Der setzt notdürftig sich aufs Grab
Und legte da sein Häuflein ab,
Beschaute freundlich seinen Dreck,
Ging wohl eratmet wieder weg
Und sprach zu sich bedächtiglich:
„Der gute Mensch, wie hat er sich verdorben!
Hätt er geschissen so wie ich,
Er wäre nicht gestorben!"

Im Heine-Salon

HEINRICH HEINE

Der tugendhafte Hund

Ein Pudel, der mit gutem Fug
Den schönen Namen Brutus trug,
War vielberühmt im ganzen Land
Ob seiner Tugend und seinem Verstand.
Er war ein Muster der Sittlichkeit,
Der Langmut und Bescheidenheit.
Man hörte ihn loben, man hörte ihn preisen
Als einen vierfüßigen Nathan den Weisen.
Er war ein wahres Hundejuwel!
So ehrlich und treu! Eine schöne Seel!

Auch schenkte sein Herr in allen Stücken
Ihm volles Vertrauen, er konnte ihn schicken
Sogar zum Fleischer. Der edle Hund
Trug dann einen Hängekorb im Mund,
Worin der Metzger das schön gehackte
Rindfleisch, Schaffleisch, auch Schweinefleisch packte –
Wie lieblich und lockend das Fett gerochen:
Der Brutus berührte keinen Knochen,
Und ruhig und sicher, mit stoischer Würde,
Trug er nach Hause die kostbare Bürde.

Doch unter den Hunden wird gefunden
Auch eine Menge von Lumpenhunden –
Wie unter uns –, gemeine Köter,
Tagdiebe, Neidharte, Schwerenöter,
Die ohne Sinn für sittliche Freuden

Im Sinnenrausch ihr Leben vergeuden!
Verschworen hatten sich solche Racker
Gegen den Brutus, der treu und wacker,
Mit seinem Korb im Maule, nicht
Gewichen von dem Pfade der Pflicht. –

Und eines Tages, als er kam
Vom Fleischer und seinen Rückweg nahm
Nach Hause, da ward er plötzlich von allen
Verschwornen Bestien überfallen;
Da ward ihm der Korb mit dem Fleisch entrissen,
Da fielen zu Boden die leckersten Bissen,
Und fraßbegierig über die Beute
Warf sich die ganze hungrige Meute. –
Brutus sah anfangs dem Schauspiel zu
Mit philosophischer Seelenruh;
Doch als er sah, daß solchermaßen
Sämtliche Hunde schmausten und fraßen,
Da nahm auch er an der Mahlzeit teil
Und speiste selbst eine Schöpsenkeul.

   Moral:
Auch du, mein Brutus, auch du, du frißt?
So ruft wehmütig der Moralist.
Ja, böses Beispiel kann verführen;
Und, ach! gleich allen Säugetieren,
Nicht ganz und gar vollkommen ist
Der tugendhafte Hund – er frißt!

Das Hohelied

Des Weibes Leib ist ein Gedicht,
Das Gott der Herr geschrieben
Ins große Stammbuch der Natur,
Als ihn der Geist getrieben.

Ja, günstig war die Stunde ihm,
Der Gott war hochbegeistert;
Er hat den spröden, rebellischen Stoff
Ganz künstlerisch bemeistert.

Fürwahr, der Leib des Weibes ist
Das Hohelied der Lieder;
Gar wunderbare Strophen sind
Die schlanken, weißen Glieder.

O welche göttliche Idee
Ist dieser Hals, der blanke,
Worauf sich wiegt der kleine Kopf,
Der lockige Hauptgedanke!

Der Brüstchen Rosenknospen sind
Epigrammatisch gefeilet;
Unsäglich entzückend ist die Cäsur,
Die streng den Busen teilet.

Den plastischen Schöpfer offenbart
Der Hüften Parallele;
Der Zwischensatz mit dem Feigenblatt
Ist auch eine schöne Stelle.

Das ist kein abstraktes Begriffspoem!
Das Lied hat Fleisch und Rippen,
Hat Hand und Fuß; es lacht und küßt
Mit schöngereimten Lippen.

Hier atmet wahre Poesie!
Anmut in jeder Wendung!
Und auf der Stirne trägt das Lied
Den Stempel der Vollendung.

Lobsingen will ich dir, o Herr,
Und dich im Staub anbeten!
Wir sind nur Stümper gegen dich,
Den himmlischen Poeten.

Versenken will ich mich, o Herr,
In deines Liedes Prächten;
Ich widme seinem Studium
Den Tag mitsamt den Nächten.

Ja, Tag und Nacht studier ich dran,
Will keine Zeit verlieren;
Die Beine werden mir so dünn –
Das kommt vom vielen Studieren.

Mythologie

Ja, Europa ist erlegen –
Wer kann Ochsen widerstehen?
Wir verzeihen auch Danäen –
Sie erlag dem goldnen Regen!

Semele ließ sich verführen –
Denn sie dachte: ein Wolke,
Ideale Himmelswolke,
Kann uns nicht kompromittieren.

Aber tief muß uns empören
Was wir von der Leda lesen –
Welche Gans bist du gewesen,
Daß ein Schwan dich konnt betören!

Erleuchtung

Michel, fallen dir die Schuppen
Von den Augen? Merkst du itzt,
Daß man dir die besten Suppen
Vor dem Maule wegstibitzt?

Als Ersatz ward dir versprochen
Reinverklärte Himmelsfreud
Droben, wo die Engel kochen
Ohne Fleisch die Seligkeit!

Michel, wird dein Glaube schwächer
Oder stärker dein App'tit?
Du ergreifst den Lebensbecher
Und du singst ein Heidenlied!

Michel, fürchte nichts und labe
Schon hienieden deinen Wanst,
Später liegen wir im Grabe,
Wo du still verdauen kannst.

Die Wahlesel

Die Freiheit hat man satt am Ende,
Und die Republik der Tiere
Begehrte, daß ein einz'ger Regent
Sie absolut regiere.

Jedwede Tiergattung versammelte sich,
Wahlzettel wurden geschrieben;
Parteisucht wütete fürchterlich,
Intrigen wurden getrieben.

Das Komitee der Esel ward
Von Alt-Langohren regieret;
Sie hatten die Köpfe mit einer Kokard,
Die schwarz-rot-gold, verzieret.

Es gab eine kleine Pferdepartei,
Doch wagte sie nicht zu stimmen;
Sie hatte Angst vor dem Geschrei
Der Alt-Langohren, der grimmen.

Als einer jedoch die Kandidatur
Des Rosses empfahl, mit Zeter
Ein Alt-Langohr in die Rede ihm fuhr,
Und schrie: „Du bist ein Verräter!

Du bist ein Verräter, es fließt in dir
Kein Tropfen vom Eselsblute;
Du bist kein Esel, ich glaube schier,
Dich warf eine welsche Stute.

Du stammst vom Zebra vielleicht, die Haut
Sie ist gestreift zebräisch;
Auch deiner Stimme näselnder Laut
Klingt ziemlich ägyptisch-hebräisch.

Und wärst du kein Fremdling, so bist du doch nur
Verstandesesel, ein kalter;
Du kennst nicht die Tiefen der Eselsnatur,
Dir klingt nicht ihr mystischer Psalter.

Ich aber versenkte die Seele ganz
In jenes süße Gedösel!
Ich bin ein Esel, in meinem Schwanz
Ist jedes Haar ein Esel.

Ich bin kein Römling, ich bin kein Sklav;
Ein deutscher Esel bin ich,
Gleich meinen Vätern. Sie waren so brav,
So pflanzenwüchsig, so sinnig.

Sie spielten nicht mit Galanterei
Frivole Lasterspiele,
Sie trabten täglich, frisch-fromm-fröhlich-frei,
Mit ihren Säcken zur Mühle.

Die Väter sind nicht tot! Im Grab
Nur ihre Häute liegen,
Die sterblichen Hüllen. Vom Himmel herab
Schaun sie auf uns mit Vergnügen.

Verklärte Esel im Gloria-Licht!
Wir wollen euch immer gleichen
Und niemals von dem Pfad der Pflicht
Nur einen Fingerbreit weichen.

O welche Wonne, ein Esel zu sein!
Ein Enkel von solchen Langohren!
Ich möchte es von allen Dächern schrein:
Ich bin als Esel geboren!

Der große Esel, der mich erzeugt,
Er war von deutschem Stamme;
Mit deutscher Eselsmilch gesäugt
Hat mich die Mutter, die Mamme.

Ich bin ein Esel und will getreu
Wie meine Väter, die Alten,
An der alten, lieben Eselei,
Am Eseltume halten.

Und weil ich ein Esel, so rat ich euch,
Den Esel zum König zu wählen;
Wir stiften das große Eselreich,
Wo nur die Esel befehlen.

Wir alle sind Esel! I-a! I-a!
Wir sind keine Pferdeknechte.
Fort mit den Rossen!
Es lebe, hurra!
Der König vom Eselsgeschlechte!"

So sprach der Patriot. Im Saal
Die Esel Beifall rufen.
Sie waren alle national,
Und stampften mit den Hufen.

Sie haben des Redners Haupt geschmückt
Mit einem Eichenkranze.
Er dankte stumm, und hochbeglückt
Wedelt' er mit dem Schwanze.

Das Fräulein stand am Meere

Das Fräulein stand am Meere
Und seufzte lang und bang,
Es rührte sie so sehre
Der Sonnenuntergang.

„Mein Fräulein! sei'n Sie munter,
Das ist ein altes Stück;
Hier vorne geht sie unter
Und kehrt von hinten zurück."

O König! Ich meine es gut mit dir

O König! Ich meine es gut mit dir,
Und will einen Rat dir geben:
Die toten Dichter, verehre sie nur,
Doch schone, die da leben.

Beleid'ge lebendige Dichter nicht,
Sie haben Flammen und Waffen,
Die furchtbarer sind als Jovis Blitz,
Den ja der Poet erschaffen.

Beleid'ge die Götter, die alten und neu'n,
Des ganzen Olymps Gelichter,
Und den höchsten Jehovah obendrein –
Beleid'ge nur nicht den Dichter!

Die Götter bestrafen freilich sehr hart
Des Menschen Missetaten,
Das Höllenfeuer ist ziemlich heiß,
Dort muß man schmoren und braten –

Doch Heilige gibt es, die aus der Glut
Losbeten den Sünder; durch Spenden
An Kirchen und Seelenmessen wird
Erworben ein hohes Verwenden.

Und am Ende der Tage kommt Christus herab
Und bricht die Pforten der Hölle;
Und hält er auch ein strenges Gericht,
Entschlüpfen wird mancher Geselle.

Doch gibt es Höllen, aus deren Haft
Unmöglich jede Befreiung;
Hier hilft kein Beten, ohnmächtig ist hier
Des Welterlösers Verzeihung.

Kennst du die Hölle des Dante nicht,
Die schrecklichen Terzetten?
Wen da der Dichter hineingesperrt,
Den kann kein Gott mehr retten –

Kein Gott, kein Heiland erlöst ihn je
Aus diesen singenden Flammen!
Nimm dich in acht, dass wir dich nicht
Zu solcher Hölle verdammen!

Ich rief den Teufel, und er kam

Ich rief den Teufel, und er kam,
Und ich sah ihn mit Verwundrung an.
Er ist nicht häßlich und ist nicht lahm,
Er ist ein lieber, charmanter Mann,
Ein Mann in seinen besten Jahren,
Verbindlich und höflich und welterfahren.
Er ist ein gescheiter Diplomat,
Und spricht recht schön über Kirch und Staat.
Blaß ist er etwas, doch ist es kein Wunder,
Sanskrit und Hegel studiert er jetztunder.
Sein Lieblingspoet ist noch immer Fouqué.
Doch will er nicht mehr mit Kritik sich befassen,
Die hat er jetzt gänzlich überlassen
Der teuren Großmutter Hekate.
Er lobte mein juristisches Streben,
Hat früher sich auch damit abgegeben.
Er sagt, meine Freundschaft sei
Ihm nicht zu teuer, und nickte dabei,
Und frug: ob wir uns früher nicht
Schon einmal gesehn beim span'schen Gesandten?
Und als ich recht besah sein Gesicht,
Fand ich in ihm einen alten Bekannten.

Diana

Diese schönen Gliedermassen
Kolossaler Weiblichkeit
Sind jetzt, ohne Widerstreit,
Meinen Wünschen überlassen.

Wär ich, leidenschaftentzügelt,
Eigenkräftig ihr genaht,
Ich bereute solche Tat!
Ja, sie hätte mich geprügelt.

Welcher Busen, Hals und Kehle!
(Höher seh' ich nicht genau.)
Eh' ich ihr mich anvertrau,
Gott empfehl ich meine Seele.

TUSCH FÜR BUSCH

WILHELM BUSCH

Gemartert

Ein gutes Tier
Ist das Klavier,
Still, friedlich und bescheiden.
Und muß dabei
Doch vielerlei
Erdulden und erleiden.

Der Virtuos
Stürzt darauf los
Mit hochgesträubter Mähne.
Er öffnet ihm
Voll Ungestüm
Den Leib, gleich der Hyäne.

Und rasend wild,
Das Herz erfüllt
Von mörderischer Freude,
Durchwühlt er dann,
Soweit er kann,
Des Opfers Eingeweide.

Das arme Vieh,
Und unter Angstgewimmer
Bald hoch, bald tief
Um Hilfe schrie,
Vergeß' ich nie und nimmer.

Der Begleiter

Hans, der soeben in der Stadt
Sein fettes Schwein verwertet hat,
Ging spät nach Haus bei Mondenschein.
Ein Fremder folgt und holt ihn ein.

Grüß Gott, rief Hans, das trifft sich gut,
Zu zweit verdoppelt sich der Mut.

Der Fremde denkt: Ha sapperlot!
Der Kerl hat Geld, ich schlag ihn tot,
Nur nicht von vorn, daß er es sieht,
Dagegen sträubt sich mein Gemüt.

Und weiter gehn sie allgemach,
Der Hans zuvor, der Fremde nach.

Jetzt, denkt sich dieser, mach ich's ab,
Er hob bereits den Knotenstab.

Was gilt die Butter denn bei euch?
Fragt Hans und dreht sich um zugleich.

Der Fremde schweigt, der Fremde stutzt,
Der Knittel senkt sich unbenutzt.

Und weiter gehn sie allgemach,
Der eine vor, der andre nach.

Hier, wo die dunklen Tannen stehn,
Hier, denkt der Fremde, soll's geschehn.

Spielt man auch Skat bei euch zuland?
Fragt Hans und hat sich umgewandt.

Der Fremde nickt und steht verdutzt,
Der Knittel senkt sich unbenutzt.

Und weiter gehn sie allgemach,
Der eine vor, der andre nach.

Hier, denkt der Fremde, wo das Moor,
Hier hau ich fest ihm hinters Ohr.
    Und wieder dreht der Hans sich um.
Prost, rief er fröhlich, mögt ihr Rum?
Und zog ein Fläschchen aus dem Rock.
    Der Fremde senkt den Knotenstock,
Tät einen Zug, der war nicht schwach,
Und weiter gehen sie allgemach.
    Schon sind sie aus dem Wald heraus,
Und schau, da steht das erste Haus.
Es kräht der Hahn, es bellt der Spitz.
    Dies, rief der Hans, ist mein Besitz.
Tritt ein, du ehrlicher Gesell,
Und nimm den Dank für dein Geleit.
    Doch der Gesell entfernt sich schnell,
Vermutlich aus Bescheidenheit.

Zu zweit

Frau Urschel teilte Freud und Leid
    Mit ihrer lieben Kuh;
Sie lebten in Herzeinigkeit
    Ganz wie auf Du und Du.

Wie war der Winter doch so lang,
    Wie knapp war da das Heu;
Frau Urschel rief und seufzte bang:
    O komm, du schöner Mai!

Komm schnell und lindre unsre Not,
   Der du die Krippe füllst;
Wenn ich und meine Kuh erst tot,
   Dann komme, wann du willst.

Pfannkuchen und Salat

Von Fruchtomletts da mag berichten
Ein Dichter aus den höhern Schichten.
   Wir aber, ohne Neid nach oben,
Mit bürgerlicher Zunge loben
Uns Pfannekuchen und Salat.
   Wie unsre Liese delikat
So etwas backt und zubereitet,
Sei hier in Worten angedeutet.
   Drei Eier, frisch und ohne Fehl,
Und Milch und einen Löffel Mehl,
Die quirlt sie fleißig durcheinand
Zu einem innigen Verband.
   Sodann, wenn Tränen auch ein Übel,
Zerstückelt sie und mengt die Zwiebel
Mit Öl und Salz zu einer Brühe,
Daß der Salat sie an sich ziehe.
   Um diesen ferner herzustellen,
Hat sie Kartoffeln abzupellen.
Da heißt es, fix die Finger brauchen,
Den Mund zu spitzen und zu hauchen,
Denn heiß geschnitten nur allein

Kann der Salat geschmeidig sein.
　Hierauf so geht es wieder heiter
Mit unserm Pfannekuchen weiter.
　Nachdem das Feuer leicht geschürt,
Die Pfanne sorgsam auspoliert,
Der Würfelspeck hineingeschüttelt,
So daß es lustig brät und brittelt,
Pisch, kommt darüber mit Gezisch
Das ersterwähnte Kunstgemisch.
　Nun zeigt besonders und apart
Sich Lieschens Geistesgegenwart,
Denn nur zu bald, wie allbekannt,
Ist solch ein Kuchen angebrannt.
　Sie prickelt ihn, sie stockert ihn,
Sie rüttelt, schüttelt, lockert ihn
Und lüftet ihn, bis augenscheinlich
　Die Unterseite eben bräunlich,
Die umgekehrt geschickt und prompt
Jetzt ihrerseits nach oben kommt.
　Geduld, es währt nur noch ein bissel,
Dann liegt der Kuchen auf der Schüssel.
　Doch späterhin die Einverleibung,
Wie die zu Mund und Herzen spricht,
Das spottet jeglicher Beschreibung,
Und darum endet das Gedicht.

Fink und Frosch

Im Apfelbaume pfeift der Fink
Sein Pinkepink!
Ein Laubfrosch klettert mühsam nach
Bis auf des Baumes Blätterdach
Und bläht sich auf und quakt: „Ja ja!
Herr Nachbar, ick bin och noch da!"
Und wie der Vogel frisch und süß
Sein Frühlingslied erklingen ließ,
Gleich muß der Frosch in rauhen Tönen
Den Schusterbaß dazwischen dröhnen.
„Juchheija heija!" spricht der Fink.
„Fort flieg' ich flink!"
Und schwingt sich in die Lüfte hoch.
„Wat!" – ruft der Frosch. „Dat kann ick och!"
Macht einen ungeschickten Satz,
Fällt auf den harten Gartenplatz,
Ist platt, wie man die Kuchen backt,
Und hat für ewig ausgequackt.
Wenn einer, der mit Mühe kaum
Geklettert ist auf einen Baum,
Schon meint, dass er ein Vogel wär',
So irrt sich der.

Sie stritten sich beim Wein herum

Sie stritten sich beim Wein herum,
Was das nun wieder wäre;
Das mit dem Darwin wär gar zu dumm
Und wider die menschliche Ehre.

Sie tranken manchen Humpen aus,
Sie stolperten aus den Türen,
Sie grunzten vernehmlich und kamen zu Haus
Gekrochen auf allen vieren.

Es stand vor eines Hauses Tor

Es stand vor eines Hauses Tor
Ein Esel mit gespitztem Ohr,
Der käute sich sein Bündel Heu
Gedankenvoll und still entzwei.

Nun kommen da und bleiben stehn
Der naseweisen Buben zween,
Die auch sogleich, indem sie lachen,
Verhaßte Redensarten machen,
Womit man dann bezwecken wollte,

daß sich der Esel ärgern sollte.
Doch dieser hocherfahrne Greis
Beschrieb nur einen halben Kreis,
Verhielt sich stumm und zeigte itzt
Die Seite, wo der Wedel sitzt.

Der Kobold

In einem Häuschen, sozusagen –
(Den ersten Stock bewohnt der Magen)
In einem Häuschen war's nicht richtig.
Darinnen spukt und tobte tüchtig
Ein Kobold, wie ein wildes Bübchen,
Vom Keller bis zum Oberstübchen.
Fürwahr, es war ein bös Getös.
Der Hausherr wird zuletzt nervös,
Und als ein desperater Mann
Steckt er kurzweg sein Häuschen an
Und baut ein Haus sich anderswo
Und meint, da ging es ihm nicht so.
Allein, da sieht er sich betrogen.
Der Kobold ist mit umgezogen
Und macht Spektakel und Rumor
Viel ärger noch als wie zuvor.
Ha, rief der Mann, wer bist du, sprich.
Der Kobold lacht: Ich bin dein Ich.

Es sitzt ein Vogel auf dem Leim

Es sitzt ein Vogel auf dem Leim,
  Er flattert sehr und kann nicht heim.
Ein schwarzer Kater schleicht herzu,
  Die Krallen scharf, die Augen gluh.
Am Baum hinauf und immer höher
  Kommt er dem armen Vogel näher.
Der Vogel denkt: Weil das so ist
  Und weil mich doch der Kater frißt,
  So will ich keine Zeit verlieren,
  Will noch ein wenig quinquilieren
  Und lustig pfeifen wie zuvor.
Der Vogel, scheint mir, hat Humor.

Mein Freund an einem Sonntagmorgen

Mein Freund an einem Sonntagmorgen,
  Tät sich ein hübsches Rößlein borgen.
  Mit frischem Hemd und frischem Mute,
  In blanken Stiefeln, blankem Hute,
  Die Haltung stramm und stramm die Hose,
  Am Busen eine junge Rose,
  So reitet er durch die Alleen,
  Wie ein Adonis anzusehen.

Die Reiter machen viel Vergnügen,
Wenn sie ihr stolzes Roß bestiegen.

Nun kommt da unter sanftem Knarren
   Ein milchbeladner Eselskarren.
   Das Rößlein, welches sehr erschrocken,
   Fängt an zu trappeln und zu bocken,
   Und, hopp, das war ein Satz ein weiter!
   Dort rennt das Roß, hier liegt der Reiter,
   Entfernt von seinem hohen Sitze,
   Platt auf dem Bauche in der Pfütze.

Die Reiter machen viel Vergnügen,
Besonders, wenn sie drunten liegen.

Die erste alte Tante sprach

Die erste alte Tante sprach:
Wir müssen nun auch dran denken,
Was wir zu ihrem Namenstag
Dem guten Sophiechen schenken.

Drauf sprach die zweite Tante kühn:
Ich schlage vor, wir entscheiden
Uns für ein Kleid in Erbsengrün,
Das mag Sophiechen nicht leiden.

Der dritten Tante war das recht:
Ja, sprach sie, mit gelben Ranken!
Ich weiß, sie ärgert sich nicht schlecht
Und muß sich auch noch bedanken.

Wenn alles sitzen bliebe

Wenn alles sitzen bliebe,
Was wir in Haß und Liebe
   So voneinander schwatzen;
Wenn Lügen Haare wären,
Wir wären rauh wie Bären
   Und hätten keine Glatzen.

Das Glöcklein im Walde

Ein Kirchlein steht im Waldrevier,
Da klingt ein Glöcklein für und für,
Das Glöcklein läutet bim, bim!

Ein Knabe und ein Mägdelein,
Die wandeln da im Abendschein,
Im Frühlingswinde rauscht der Baum,
Die zwei, sie wandeln wie im Traum.
Das Glöcklein läutet bim, bim!

Der Knabe sprach: O Mägdlein lieb!
Warum bist du so still und trüb?
Das Glöcklein läutet bim, bim!

Die Maid, sie sprach: Ich bin so stumm
Und weiß doch selber nicht warum.
Mein Herz das klopft und will nicht ruhn

Als sollt' ich etwas Böses tun,
Und ist mir wieder doch so wohl,
So wonniglich, so ahnungsvoll!
Bald möchte' ich dies, bald möchte' ich das
Ich möchte wohl und – weiß nicht was.
Das Glöcklein läutet bem, bem!
Der Knabe zu derselben Stund
Der küßt die Maid wohl auf den Mund;
Das Glöcklein läutet bem, bem!

Im Abendwinde rauscht der Baum,
Die Zwei, sie wandeln wie im Traum,
Das Gras ist grün, der Wald ist dicht,
Ich s a h die zwei – und s e h sie nicht.
Das Glöcklein läutet bum, bum!

Das Glöcklein klingt bald dumpf, bald klar,
So lieb, so süß, so wunderbar,
Bim bim, bem bem, bum bum!

Die Selbstkritik hat viel für sich

Die Selbstkritik hat viel für sich.
Gesetzt den Fall, ich tadle mich,
So hab ich erstens den Gewinn,
Daß ich so hübsch bescheiden bin;
Zum zweiten denken sich die Leut,
Der Mann ist lauter Redlichkeit;
Auch schnapp ich drittens diesen Bissen

Vorweg den andern Kritiküssen;
Und viertens hoff ich außerdem
Auf Widerspruch, der mir genehm.
So kommt es denn zuletzt heraus,
Daß ich ein ganz famoses Haus.

Mein Lebenslauf

Mein Lebenslauf ist bald erzählt.
In stiller Ewigkeit verloren
Schlief ich, und nichts hat mir gefehlt,
Bis daß ich sichtbar ward geboren.
Was aber nun? – Auf schwachen Krücken,
Ein leichtes Bündel auf dem Rücken,
Bin ich getrost dahingestolpert,
Mitunter grad, mitunter krumm,
Und schließlich mußt ich mich verschnaufen.
Bedenklich rieb ich meine Glatze
Und sah mich in der Gegend um.
O weh! Ich war im Kreis gelaufen,
Stand wiederum am alten Platze,
Und vor mir dehnt sich lang und breit,
Wie ehedem, die Ewigkeit.

Dilemma

Das glaube mir – so sagte er –
Die Welt ist mir zuwider,
Und wenn die Grübelei nicht wär,
So schöß ich mich darnieder.

Was aber wird nach diesem Knall
Sich späterhin begeben?
Warum ist mir mein Todesfall
So eklig wie mein Leben?

Mir wäre doch, potzsapperlot,
Der ganze Spaß verdorben,
Wenn man am Ende gar nicht tot,
Nachdem daß man gestorben.

Aus Friederikes
Schatzkästlein

FRIEDERIKE KEMPNER

Faust

O Faust, Du Bild des Menschen,
Bald groß und klar, bald düster wild:
Wer Dich gemalt, er war an Kunst ein Riese,
Gigantisch war der Stoff, und nett gelang das Bild!

Indisches

Im Gebüsch gestreckt
Ruhet Hindu faul,
Gift'ge Schlange leckt
Gierig sich das Maul.

Nimmt erst Anlauf dann,
Springt auf Hindu ein,
Schlägt dem armen Mann
Giftzahn ins Gebein.

Hindu fliehen will –
Glieder sind verkrampft – –
Bet' zu Buddha still
Und verscheidet sanft.

Falls

O vergeudet nicht die Kräfte
In der eitlen Sinneslust!
Werfet ab den Staub der Erde –
Falls ihr euch des Staubs bewußt!

Ihr wißt schon!

Ihr wißt schon, wen ich meine,
Die Stadt liegt an der Seine,
Entschieden ist's die schönste Stadt,
Die man wohl je gesehen hat.
Die Stadt liegt an der Seine,
Ihr wißt schon, wen ich meine.

Ihr wißt schon, wen ich meine,
Die Stadt liegt an der Seine,
Sie hat ein wunderbar Gesicht,
Ihr Haar ist lang und ist auch dicht.
Die Stadt liegt an der Seine,
Ihr wißt schon, wen ich meine.

Ihr wißt schon, wen ich meine,
Die Stadt liegt an der Seine,
Du kennst, ach, die Geschichte nicht,
Und wie das Herz ihr brach und bricht,
Der Mond strahlt kalt und reine,
Die Stadt liegt an der Seine.

Die nicht!

Gehabt euch wohl, Gott segne euch,
Euch all im Sonnenlicht,
Dich, Vöglein, Röslein, Immergrün –
Doch Dornen und die Würmer nicht!

Mit südlichem Gefühl

Es stand ein zierlicher Jüngling
Auf einem Hügel von Stein,
„O dürfte ich", rief er, „hinüber,
Hinüber bis über den Rhein!

Den Strom zu meinen Füßen
Mit seinem lieblichen Grund,
Steh' träumerisch ich am Ufer
Schon manche lange Stund!

Wohl bin ich ein echter Deutscher,
Verbannt, doch ohne Grund,
Ein Deutscher schon tausend Jahre – !"
Und spöttisch gar lächelt sein Mund.

Wer war's, der sich so innig
An jenen Fels hat gelehnt,
So wahrhaft sich und so innig
Nach Deutschland hat gesehnt?

Er war es, der wackre Börne,
In dessen Brust es so schwül,
Der Deutschland so ernsthaft liebte
Mit südlichem Gefühl!

Ein Deutscher, trotz schwarzer Locken,
Der Falte in Mitten der Stirn,
Dem trüben und bleichen Antlitz –
Und einem so glühenden Hirn!

Die Poesie hat immer Recht!

Die Poesie, die Poesie,
Die Poesie hat immer Recht,
Sie ist von höherer Natur,
Von übermenschlichem Geschlecht.

Und kränkt ihr sie, und drückt ihr sie,
Sie schimpfet nie, sie grollet nie,
Sie legt sich in das grüne Moos,
Beklagend ihr poetisch Los!

Unsereins

Ein Wäldchen sich erhebt,
Sproßt fröhlich himmelan,
Einst kommt die Axt daran.
Ob unsereins noch lebt?

Das schaut so grün

Parteilichkeit, Parteienhaß,
Das schaut so grün und wird so blaß –
Von Schlang' und Nesseln ein Gewühl!
Welch unnatürliches Gefühl!
Welch unnatürliches Gefühl!

O kurze Zeit, des Lebens Zeit
Noch kürzer durch Parteilichkeit
In Confession und Politik:
Parteienhaß hat keinen Schick!
Parteienhaß hat keinen Schick!

Es ringt

Es ringt der Regen mit dem Winde,
Es ringt der Segen mit dem Fluch,
Es ringt das Alter mit dem Kinde,
Es ringt die Sage mit dem Buch,

Es ringt die Tugend mit dem Bösen,
Es ringt die Arbeit mit dem Gold,
Es ringt ein jeglich, jeglich Wesen:
Ob es, und ob es nicht gewollt!

Der Totenwurm
(Anobium pertinax)

Während dort der Wolkensturm
Über Meer und Länder fährt,
Pickt ganz leis der Totenwurm –
Wer ihn wohl das Picken lehrt …?

Unverstanden

Joseph Wolfsohn ist geschieden,
Mann von Ehre, höh'rem Sinn.
Unverstanden blieb hienieden
Joseph Wolfsohn – er ist hin!

Schweiß

Willst gelangen Du zum Ziele,
Wohlverdienten Preis gewinnen,
Muss der Schweiß herunter rinnen
Von der Decke bis zur Diele!

Warum also nicht?

Immergrün trotz Zeit und Wetter,
Pflänzchen, zart und fest und schön,
Smaragdfarben Deine Blätter,
Könntest bei den schönsten stehn!

Denn der Freieste von allen,
Dessen Blick man nie bestach,
Rousseau fand an Dir Gefallen,
Ward gerührt, wenn er Dich brach,

Wenn er Deinen zarten Stengel
Selten froh in Händen nahm,
Zagend, forschend, suchend Mängel,
Und zum Vorschein keiner kam!

Pflänzchen, liebstes mir von allen,
Ewig halt ich treu zu Dir:
Rousseau konntest Du gefallen,
Warum also nicht auch mir?

Der der, das das, die die

Wer, fragt ihr, wer
Tut dir viel Leid?
Es ist der der,
Es ist der Neid!

Was, fragt ihr, was
Ist dir vergällt?
Es ist das das,
Es ist das Geld!

Wie, fragt ihr, wie?
Wer macht dich frei?
Es ist die die,
Die Poesei!

Also doch ...?

Wenn der holde Frühling lenzt
Und man sich mit Veilchen kränzt,
Wenn man sich mit festem Muth
Schnittlauch in das Rührei thut,
Kreisen durch des Menschen Säfte
Neue, ungeahnte Kräfte –
Jegliche Verstopfung weicht,
Alle Herzen werden leicht,
Und das meine fragt sich still:
„Ob mich dies Jahr einer will?"

Von den Sternen fiel ich nieder

Von den Sternen fiel ich nieder
und verwinde nie den Fall,
aber meine Hohenlieder
ziehen klangvoll durch das All!

Und wenn ich dereinst mal sterbe,
mahnet Euch der Musen Chor:
Nicht enthaltet dieses Erbe
Euren Nachekommen vor!

STERNNATZ &
RINGELMORGEN

JOACHIM RINGELNATZ

Die neuen Fernen

In der Stratosphäre,
links vom Eingang, führt ein Gang
(wenn er nicht verschüttet wäre)
sieben Kilometer lang
bis ins Ungefähre.

Dort erkennt man weit und breit
Nichts. Denn dort herrscht Dunkelheit.
Wenn man da die Augen schließt
und sich langsam selbst erschießt,
dann erinnert man sich gern
an den deutschen Abendstern.

CHRISTIAN MORGENSTERN

Das Nasobēm

Auf seinen Nasen schreitet
einher das Nasobēm,
von seinem Kind begleitet.
Es steht noch nicht im Brehm.

Es steht noch nicht im Meyer.
Und auch im Brockhaus nicht.
Es trat aus meiner Leyer
zum ersten Mal ans Licht.

Auf seinen Nasen schreitet
(wie schon gesagt) seitdem,
von seinem Kind begleitet,
einher das Nasobēm.

JOACHIM RINGELNATZ

Am Barren
(Alla donna tedesca)

Deutsche Frau, dich ruft der Barren,
Denn dies trauliche Geländer
Fördert nicht nur Hirn und Harn,
Unterleib und Oberlippe.
Sollst, das Hüftgelenk zu stählen,
Dich im Knickstütz ihm vermählen.
Deutsches Weib, komm: Kippe, Kippe!

Deutsche Frau, nun laß dich wieder
Ellengriffs im Schwimmhang nieder.
So, nun Hackenschluß! Und schwinge!
Schwinge! Hurtig rum den Leib!
Oh, es gibt noch wundervolle
Dinge. Rolle vorwärts! Rolle!
Rolle rückwärts, deutsches Weib!

Deutsche Jungfrau, weg das Armband!
In die Hose! Aus dem Rocke!
Aus dem Streckstütz in den Armstand,
Nun die Flanke. Sehr gut! Danke!
Deutsches Mädchen – Hocke, Hocke!

Mußt dich keck emanzipieren
Und mit kindlichem „Ätsch-Ätsche"
Über Männer triumphieren,
Mußt wie Bombe und Kartätsche
Deine Kräfte demonstrieren.
Deutsches Mädchen – Grätsche! Grätsche!

CHRISTIAN MORGENSTERN

Der Werwolf

Ein Werwolf eines Nachts entwich
von Weib und Kind und sich begab
an eines Dorfschullehrers Grab
und bat ihn: „Bitte, beuge mich!"

Der Dorfschulmeister stieg hinauf
auf seines Blechschilds Messingknauf
und sprach zum Wolf, der seine Pfoten
geduldig kreuzte vor dem Toten:

„Der Werwolf", sprach der gute Mann,
„des Werwolfs, Genitiv sodann,
dem Werwolf, Dativ, wie mans nennt,
den Werwolf, – damit hats ein End."

Dem Werwolf schmeichelten die Fälle,
er rollte seine Augenbälle.
„Indessen", bat er, „füge doch
zur Einzahl auch die Mehrzahl noch!"

Der Dorfschulmeister aber mußte
gestehn, dass er von ihr nichts wußte.
Zwar Wölfe gäbs in großer Schar,
doch „Wer" gäbs nur im Singular.

Der Wolf erhob sich tränenblind –
er hatte ja doch Weib und Kind!!
Doch da er kein Gelehrter eben,
so schied er dankend und ergeben.

JOACHIM RINGELNATZ

Bumerang

War einmal ein Bumerang;
War ein Weniges zu lang.
Bumerang flog ein Stück,
Aber kam nicht mehr zurück.
Publikum – noch stundenlang –
Wartete auf Bumerang.

CHRISTIAN MORGENSTERN

Geiß und Schleiche

Die Schleiche singt ihr Nachtgebet,
die Waldgeiß staunend vor ihr steht.

Die Waldgeiß schüttelt ihren Bart
wie ein Magister hochgelahrt.

Sie weiß nicht, was die Schleiche singt,
sie hört nur, daß es lieblich klingt.

Die Schleiche fällt in Schlaf alsbald.
Die Geiß geht sinnend durch den Wald.

JOACHIM RINGELNATZ

Mein Riechtwieich

Gutes Bettchen du!
Ich gehe jetzt in dich. Gute Nacht!
Wünsche angenehme Ruh. –
Und auf einmal ist's wieder früh,
Bin ich wieder aufgewacht,
Habe dich naß gemacht –
Herzeleid – Pupo – Pipü.

Bett, ich falle in dich, du mein Bett.
Ich will nichts mehr wissen.
Sticke mich tot mit Gänsekissen.
Ich pfeife auf Schweinskotelett
Und Schutzmann und Feuer im Haus;
Mir ist alles egal.
Eigentlich müßte ich noch einmal –
Aber ich zwing's heute nicht.
Bitte – lie Bett – puste das Licht –

Altes Bettchen, hallo!
Wir brechen in dich hinein;
Ja schau nur: Zu zwei'n!
Nun knurre, knarre nicht so.
Heute geht's stürmisch zu.
Anna, komm doch. Ich friere. Huhu!
Möge uns Gott verzeihn.
Aber das wissen nur Anna und ich und du.

Bettchen, wo fährst du denn hin??
Nun gut, fahr immer zu.
Im Kreise und auf die Reise.
Nach Afrika. Wir besuchen ein Gnu.
Gut Nacht, Anna, ich bin –
Müde bin ich Känguruh.

CHRISTIAN MORGENSTERN

Liebeserklärung des Raben Ralf an die Räbin Louise Broxak

Tör! Tör! Tör!
  broxak! broxak!
kokoloko? klokoko!

Serbo – serbo –
  broxak! broxak!
kolkrekolo! krekloko?

Kar! Kar! Kar!
  broxak! broxak!
Kalakaka! Kralkaka!

JOACHIM RINGELNATZ

Das Lied von der Hochseekuh
(Chanty zum Tauziehen)

Zwölf Tonnen wiegt die Hochseekuh.
Sie lebt am Meeresgrunde.
Ohei! – – Uha!
Sie ist so dumm wie ich und du
Und läuft zehn Knoten in der Stunde.
Ohei! – – Uha!

Sie taucht auch manchmal aus dem Meer
Und wedelt mit dem Schweife.
Ohei! – – Uha!
Und dann bedeckt sich rings umher
Das Meer mit Schaum und Seife.
Ohei! – – Uha!

Die Kuh hat einen Sonnenstich
Und riecht nach Zimt und Nelken.
Ohei! – - Uha!
Und unter Wasser kann sie sich
Mit ihren Hufen melken.
Ohei! – – Uha!

CHRISTIAN MORGENSTERN

Das Gebet

Die Rehlein beten zur Nacht,

hab acht!

Halb neun!

Halb zehn!

Halb elf!

Halb zwölf!

Zwölf!

Die Rehlein beten zur Nacht,
    hab acht!
Sie falten die kleinen Zehlein,
    die Rehlein.

JOACHIM RINGELNATZ

Liedchen

Die Zeit vergeht.
Das Gras verwelkt.
Die Milch entsteht.
Die Kuhmagd melkt.

Die Milch verdirbt.
Die Wahrheit schweigt.
Die Kuhmagd stirbt.
Ein Geiger geigt.

CHRISTIAN MORGENSTERN

Gespräch einer Hausschnecke mit sich selbst

Soll i aus meim Hause raus?
Soll i aus meim Hause nit raus?
   Einen Schritt raus?
   Lieber nit raus?
   Hausenitraus –
      Hauseraus
      Hauseritraus
      Hausenaus
   Rauserauserauserause ...
(Die Hausschnecke verfängt sich in ihren eignen Gedanken
oder vielmehr diese gehen mit ihr dermaßen durch, daß sie die
weitere Entscheidung der Frage lächelnd verschieben muß.)

JOACHIM RINGELNATZ

Fußball
(nebst Abart und Ausartung)

Der Fußballwahn ist eine Krank-
Heit, aber selten, Gott sei Dank.
Ich kenne wen, der litt akut
An Fußballwahn und Fußballwut.
Sowie er einen Gegenstand
In Kugelform und ähnlich fand,
So trat er zu und stieß mit Kraft
Ihn in die bunte Nachbarschaft.
Ob es ein Schwalbennest, ein Tiegel,
Ein Käse, Globus oder Igel,
Ein Krug, ein Schmuckwerk am Altar,
Ein Kegelball, ein Kissen war,
Und wem der Gegenstand gehörte,
Das war etwas, was ihn nicht störte.
Bald trieb er eine Schweineblase,
Bald steife Hüte durch die Straße.
Dann wieder mit geübtem Schwung
Stieß er den Fuß in Pferdedung.
Mit Schwamm und Seife trieb er Sport.
Die Lampenkuppel brach sofort.
Das Nachtgeschirr flog zielbewußt
Der Tante Berta an die Brust.
Kein Abwehrmittel wollte nützen,
Nicht Stacheldraht in Stiefelspitzen,
Noch Puffer außen angebracht.
Er siegte immer, 0 zu 8.

Und übte weiter frisch, fromm, frei
Mit Totenkopf und Straußenei.
Erschreckt durch seine wilden Stöße,
Gab man ihm nie Kartoffelklöße.
Selbst vor dem Podex und den Brüsten
Der Frau ergriff ihn ein Gelüsten,
Was er jedoch als Mann von Stand
Aus Höflichkeit meist überwand.
Dagegen gab ein Schwartenmagen
Dem Fleischer Anlaß zum Verklagen.
Was beim Gemüsemarkt geschah,
Kommt einer Schlacht bei Leipzig nah.
Da schwirrten Äpfel, Apfelsinen
Durchs Publikum wie wilde Bienen.
Da sah man Blutorangen, Zwetschen
An blassen Wangen sich zerquetschen.
Das Eigelb überzog die Leiber,
Ein Fischkorb platzte zwischen Weiber.
Kartoffeln spritzten und Zitronen.
Man duckte sich vor den Melonen.
Dem Krautkopf folgten Kürbisschüsse.
Dann donnerten die Kokosnüsse.
Genug! Als alles dies getan,
Griff unser Held zum Größenwahn.
Schon schäkernd mit der U-Bootsmine
Besann er sich auf die Lawine.
Doch als pompöser Fußballstößer

Fand er die Erde noch viel größer.
Er rang mit mancherlei Problemen.
Zunächst: Wie soll man Anlauf nehmen?
Dann schiffte er von dem Balkon
Sich ein in einem Luftballon.
Und blieb von da an in der Luft.
Verschollen. Hat sich selbst verpufft. –
Ich warne euch, ihr Brüder Jahns,
Vor dem Gebrauch des Fußballwahns!

CHRISTIAN MORGENSTERN

Der Gaul

Es läutet beim Professor Stein.
Die Köchin rupft die Hühner.
Die Minna geht: Wer kann das sein?
   Ein Gaul steht vor der Türe.

Die Minna wirft die Türe zu.
Die Köchin kommt: Was gibts denn?
Das Fräulein kommt im Morgenschuh.
   Es kommt die ganze Familie.

„Ich bin, verzeihn Sie", spricht der Gaul,
„der Gaul vom Tischler Bartels.
Ich brachte Ihnen dazumaul
   die Tür- und Fensterrahmen."

Die vierzehn Leute samt dem Mops,
sie stehn, als ob sie träumten.
Das kleinste Kind tut einen Hops,
   die anderen stehn wie Bäume.

Der Gaul, da keiner ihn versteht,
schnalzt bloß mal mit der Zunge,
dann kehrt er still sich ab und geht
   die Treppe wieder hinunter.

Die dreizehn schaun auf ihren Herrn,
ob er nicht sprechen möchte.
„Das war", spricht der Professor Stein,
   „ein unerhörtes Erlebnis!" …

117

JOACHIM RINGELNATZ

Aus meiner Kinderzeit

Vaterglückchen, Mutterschößchen,
Kinderstübchen, trautes Heim,
Knusperhexlein, Tantchen Rös'chen,
Kuchen schmeckt wie Fliegenleim.

Wenn ich in die Stube speie,
Lacht mein Bruder wie ein Schwein.
Wenn er lacht, haut meine Schwester.
Wenn sie haut, weint Mütterlein.

Wenn die weint, muß Vater fluchen.
Wenn er flucht, trinkt Tante Wein.
Trinkt sie Wein, schenkt sie mir Kuchen:
Wenn ich Kuchen kriege, muß ich spein.

CHRISTIAN MORGENSTERN

Das Mondschaf

Das Mondschaf steht auf weiter Flur.
Es harrt und harrt der großen Schur.
  Das Mondschaf.

Das Mondschaf rupft sich einen Halm
und geht dann heim auf seine Alm.
  Das Mondschaf.

Das Mondschaf spricht zu sich im Traum:
„Ich bin des Weltalls dunkler Raum."
  Das Mondschaf.

Das Mondschaf liegt am Morgen tot.
Sein Leib ist weiß, die Sonn ist rot.
  Das Mondschaf.

JOACHIM RINGELNATZ

Die Krähe

Die Krähe lacht. Die Krähe weiß,
Was hinter Vogelscheuchen steckt
Und daß sie nicht wie Huhn mit Reis
Und Curry schmeckt.

Die Krähe schnupft. Die Krähe bleibt
Nicht gern in meiner Nähe.
Dank ihrer Magensäure schreibt
Sie Runen. Jede Krähe.

Sie torkelt scheue Ironie,
Flieht souverän beschaulich.
Und wenn sie mich sieht, zwinkert sie
Mir zu, doch nie vertraulich.

CHRISTIAN MORGENSTERN

Möwenlied

Die Möwen sehen alle aus,
als ob sie Emma hießen.
Sie tragen einen weißen Flaus
Und sind mit Schrot zu schießen.

Ich schieße keine Möwe tot,
ich laß sie lieber leben –
und füttre sie mit Roggenbrot
und rötlichen Zibeben.

O Mensch, du wirst nie nebenbei
der Möwe Flug erreichen.
Wofern du Emma heißest, sei
zufrieden, ihr zu gleichen.

JOACHIM RINGELNATZ

Freiübungen
(Grundstellung)

Wenn eine Frau in uns Begierden weckt
Und diese Frau hat schon ihr Herz vergeben,
Dann (Arme vorwärts streckt!)
Dann ist es ratsam, daß man sich versteckt.
Denn später (langsam auf den Fersen heben!),
Denn später wird uns ein Gefühl umschweben,
Das von Familiensinn und guten Eltern zeugt.
(Arme beugt!)
Denn was die Frau an einem Manne reizt,
(Hüften fest – Beine spreizt! – Grundstellung)
Ist Ehrbarkeit. Nur die hat wahren Wert,
Auch auf die Dauer (Ganze Abteilung kehrt!).
Das ist von beiden Teilen der begehrteste,
Von dem man sagt: (Rumpfbeuge) Das ist der
    allerwerteste.

CHRISTIAN MORGENSTERN

Das Hemmed

Kennst du das einsame Hemmed?
Flattertata, flattertata.

Ders trug, ist baß verdämmert!
Flattertata, flattertata.

Es knattert und rattert im Winde.
Windurudei, windurudei.

Es weint wie ein kleines Kinde.
Windurudei, windurudei.

Das ist das einsame
Hemmed.

JOACHIM RINGELNATZ

Frucht-Zucht-Frucht

Bananen, Melonen, Ananas – – .
Alle Früchte haben etwas –
Frei gesagt: Unanständiges,
Etwas Nuditätes an sich.
Darüber freue ich mich.
Denn das ist etwas Unbändiges.
Instinktiv oder auch bewußt
Haben wir alle daran unsre Lust.

Aber die darüber erschreckt sind,
Sich entrüsten und jemand verklagen,
Denen wollen wir andere sagen,
Daß wir schon lang nicht mehr a. A. geleckt sind.
Und das muß – wenn auch nur theoretisch –
Immer mal wieder auf Erden geschehn.
Sonst werden wir Mehlbrei und hyperästhetisch
Und werden rot, wenn wir Pfirsiche sehn.

CHRISTIAN MORGENSTERN

Gruselett

Der Flügelflagel gaustert
durchs Wiruwaruwolz,
die rote Fingur plaustert,
und grausig gutzt der Golz.

JOACHIM RINGELNATZ

Die Ameisen

In Hamburg lebten zwei Ameisen,
Die wollten nach Australien reisen.
Bei Altona auf der Chaussee,
Da taten ihnen die Beine weh,
Und da verzichteten sie weise
Dann auf den letzten Teil der Reise.

CHRISTIAN MORGENSTERN

Vice versa

Ein Hase sitzt auf einer Wiese,
des Glaubens, niemand sähe diese.

Doch, im Besitze eines Zeißes,
betrachtet voll gehaltnen Fleißes

vom vis-à-vis gelegnen Berg
ein Mensch den kleinen Löffelzwerg.

Ihn aber blickt hinwiederum
ein Gott von fern an, mild und stumm.

JOACHIM RINGELNATZ

Kindergebetchen

Erstes
Lieber Gott, ich liege
Im Bett. Ich weiß, ich wiege
Seit gestern fünfunddreißig Pfund.
Halte Pa und Ma gesund.
Ich bin ein armes Zwiebelchen,
Nimm mir das nicht übelchen.

Zweites
Lieber Gott, recht gute Nacht.
Ich hab noch schnell Pipi gemacht,
Damit ich von Dir träume.
Ich stelle mir den Himmel vor
Wie hinterm Brandenburger Tor
Die Lindenbäume.
Nimm meine Worte freundlich hin,
Weil ich schon sehr erwachsen bin.

Drittes
Lieber Gott mit Christussohn,
Ach schenk mir doch ein Grammophon.
Ich bin ein ungezognes Kind,
Weil meine Eltern Säufer sind.

Verzeih mir, daß ich gähne.
Beschütze mich in aller Not,
Mach meine Eltern noch nicht tot
Und schenk der Oma Zähne.

CHRISTIAN MORGENSTERN

Die zwei Wurzeln

Zwei Tannenwurzeln groß und alt
unterhalten sich im Wald.

Was droben in den Wipfeln rauscht,
das wird hier unten ausgetauscht.

Ein altes Eichhorn sitzt dabei
und strickt wohl Strümpfe für die zwei.

Die eine sagt: knig. Die andre sagt: knag.
Das ist genug für einen Tag.

Ball-Saison mit Artmann, Jandl, Rühm, Rühmkorf, Schwitters und Hugo Ball

ERNST JANDL

fünfter sein

tür auf	tür auf
einer raus	einer raus
einer rein	einer rein
vierter sein	dritter sein
tür auf	tür auf
einer raus	einer raus
einer rein	einer rein
zweiter sein	nächster sein

tür auf
einer raus
selber rein
tagherrdoktor

GERHARD RÜHM

naturgedicht: und im winter auch

auf dem wipfel rauscht ein blatt
das der herbst vergessen hat
und im winter auch
im frühling ist es weg
das ist komisch
im herbst hat es noch soeben gerauscht
und im winter auch

H. C. ARTMANN

batman und robin

batman und robin
die liegen im bett,
batman ist garstig
und robin ist nett.

batman tatüü
und robin tataa,
raus aus den federn,
der morgen ist da!

ERNST JANDL

lichtung

manche meinen
lechts und rinks
kann man nicht
velwechsern.
werch ein illtum!

H. C. ARTMANN

auf dem berge ararat

auf dem berge ararat
wohnt der schneider drakulat,
seine frau, die nosfretete,
saß am särgelein und nähte,
fiel herab, fiel herab,
und der linke zahn brach ab.
kam ihr männchen angerannt
mit der nadel in der hand,
näht ihn an, näht ihn an,
daß sie wieder beißen kann.

ERNST JANDL

ottos mops

ottos mops trotzt
otto: fort mops fort
ottos mops hopst fort
otto: soso

otto holt koks
otto holt obst
otto horcht
otto: mops mops
otto hofft

ottos mops klopft
otto: komm mops komm
ottos mops kommt
ottos mops kotzt
otto: ogottogott

HUGO BALL

Karawane

jolifanto bambla o falli bambla
großiga m'pfa habla horem
egiga goramen
higo bloiko russula huju
hollaka hollala
anlogo bung
blago bung blago bung
bossa fataka
ü üü ü
schampa wulla wussa olobo
hej tatta gorem
eschige zunbada
wulubu ssubudu uluwu ssubudu
tumba ba-umf
kusa gauma
ba-umf

ERNST JANDL

zweierlei handzeichen

ich bekreuzige mich
vor jeder kirche
ich bezwetschkige mich
vor jedem obstgarten

wie ich ersteres tue
weiß jeder katholik
wie ich letzteres tue
ich allein

H. C. ARTMANN

ein django der muß haben

ein django der muß haben
zween stiebel um zu traben,
ein fäustlein um zu schlagen,
ein särglein ums zu tragen,
zween sporen an den fertzen,
die nie ein rößlein schmerzen,
ein feindlein ums zu schießen
und gold zum kugeln gießen,
dazu noch grund zur rache,
denn das gehört zur sache,
so eilt er texas auf
und ab in tollem lauf.
Drum, kindlein, gib fein acht,
wies unser django macht,
willst sein nit feig und schwach,
so tus ihm fleißig nach!

KURT SCHWITTERS

Husten Scherzo

Das Ganze husten

kraff
püsch
kraff
püsch püü uu
kraff
püsümüsüür
kraff
püsümüsoff
kraff
püsemüse
kraff

püsümüsoff püsümüsüür püsümüsaisch
püsümüsaisch püsümüsoff püsümüsüür
püsümüsüür püsümüsaisch püsümüsoff

kraff
püsch
kraff
püsch püü uu
kraff
püsümüsüür
kraff
püsümüsoff
kraff
püsemüse
kraff

püü uu püü aa püü oo
püü uu püü oo püüaa
püü uu püü oo püü aa
püü oo püü aa püü uu

kraff
püsch
kraff
püsch püü uu
kraff
püsümüsüür
kraff
püsümüsoff
kraff
püsemüse
kraff

püsümüsoff püsümüsüür püsümüsaisch
püsümüsaisch püsümüsoff püsümüsüür
püsümüsüür püsümüsaisch püsümüsoff

kraff
püsch
kraff
püsch püü uu
kraff
püsümüsüür
kraff
püsümüsoff
kraff
püsümüse
kraff

PETER RÜHMKORF

Variation auf „Abendlied" von Matthias Claudius

Der Mond ist aufgegangen.
Ich, zwischen Hoff- und Hangen,
rühr an den Himmel nicht.
Was Jagen oder Yoga?
Ich zieh die Tintentoga
des Abends vor mein Angesicht.

Die Sterne rücken dichter,
nachtschaffenes Gelichter,
wie's in die Wette äfft –
So will ich sing- und gleißen
und Narr vor allen heißen,
eh mir der Herr die Zunge refft.

Laßt mir den Mond dort stehen.
Was lüstet es Antäen
und regt das Flügelklein?
Ich habe gute Weile,
der Platz auf meinem Seile
wird immer uneinnehmbar sein.

Da wär ich und da stünd ich,
barnäsig, flammenmündig
auf Säkels Widerrist.
Bis daß ich niederstürze
in Gäas grüne Schürze
wie mir der Arsch gewachsen ist.

144

Herr, laß mich dein Reich scheuen!
Wer salzt mir dort den Maien?
Wer sämt die Freuden an?
Wer rückt mein Luderbette
an vorgewärmte Stätte,
da ich in Frieden scheitern kann?

Oh Himmel, unberufen,
wenn Mond auf goldenem Hufe
über die Erde springt –
Was Hunde hochgetrieben?
So legt euch denn, ihr Lieben
und schürt, was euch ein Feuer dünkt.

Wollt endlich, sonder Sträuben,
still linkskant liegen bleiben,
wo euch kein Scherz mehr trifft.
Müde des oft Gesehnen,
gönnt euch ein reines Gähnen
und nehmt getrost vom Abendgift.

WEDEKIND UND WEDEKINDS BRÜDER

FRANK WEDEKIND

Der Tantenmörder

Ich hab' meine Tante geschlachtet,
Meine Tante war alt und schwach;
Ich hatte bei ihr übernachtet
Und grub in den Kisten-Kasten nach.

Da fand ich goldene Haufen,
Fand auch an Papieren gar viel
Und hörte die alte Tante schnaufen
Ohn' Mitleid und Zartgefühl.

Was nutzt es, daß sie sich noch härme?
Nacht war es rings um mich her –
Ich stieß ihr den Dolch in die Därme,
Die Tante schnaufte nicht mehr.

Das Geld war schwer zu tragen,
Viel schwerer die Tante noch.
Ich faßte sie bebend am Kragen
Und stieß sie ins tiefe Kellerloch. –

Ich hab' meine Tante geschlachtet,
Meine Tante war alt und schwach;
Ihr aber, o Richter, ihr trachtet
Meiner blühenden Jugend-Jugend nach.

149

ERICH KÄSTNER

Nachtgesang eines Kammervirtuosen

Du meine Neunte letzte Sinfonie!
Wenn du das Hemd* anhast mit rosa Streifen ...
Komm wie ein Cello zwischen meine Knie,
und laß mich zart in deine Seiten greifen!

Laß mich in deinen Partituren blättern.
(Sie sind voll Händel, Graun und Tremolo.)
Ich möchte dich in alle Winde schmettern,
du meiner Sehnsucht dreigestrichnes Oh!

Komm, laß uns durch Oktavengänge schreiten!
(Das Furioso, bitte, noch einmal!)
Darf ich dich mit der linken Hand begleiten?
Doch beim Crescendo etwas mehr Pedal!

Oh deine Klangfigur! Oh die Akkorde!
Und der Synkopen rhythmischer Kontrast!
Nun senkst du deine Lider ohne Worte ...
Sag einen Ton, falls du noch Töne hast!

---

* Anmerkung: In besonders vornehmer Gesellschaft ersetze man das Wort
„Hemd" durch das Wort „Kleid".

LI BAI / KLABUND

Auf der Wiese

Wir liegen im blühenden Schoße des Wiesenrains
Und trinken eins und eins und immer noch eins.
Wenn ich betrunken wie ein offenes Gatter im Winde schnarre:
Geh nach Haus, hol mir die Gitarre!
Und laß mich dann allein in meines Rausches Nachen:
Ich will mit einem jungen Lied im Arm erwachen.

KURT TUCHOLSKY

Wider die Liebe

Die brave Hausfrau liest im Blättchen
von Lastern selten dustrer Art,
vom Marktpreis fleißiger Erzkokettchen,
vom Lustgreis auch mit Fußsackbart.

Mein Gott, denkt sich die junge Gattin,
mein Gott! welch ein Spektakulum!
„Das schlanke Frauenzimmer hat ihn …"
Ja was? Sie bringt sich reinweg um.

O Frau! Die Phantasie hat Grenzen,
sie ist so eng – es gibt nicht viel.
Nach wenigen Touren, wenigen Tänzen
ists stets das alte, gleiche Spiel.

Der liebt die Knaben. Dieser Ziegen.
Die will die Männer laut und fett.
Die mag bei Seeoffizieren liegen.
Und der geht nur mit sich ins Bett.

Hausbacken schminkt sich selbst das Laster.
Sieh hin – und Illusionen fliehn.
Es gründen noch die Päderaster
„Verein für Unzucht, Sitz Berlin".

Was kann der Mensch denn mit sich machen!
Wie er sich anstellt und verrenkt:
Was Neues kann er nicht entfachen.
Es sind doch stets dieselben Sachen …
   Geschenkt! Geschenkt!

ERICH KÄSTNER

Bürger, schont eure Anlagen

Arbeit läßt sich schlecht vermeiden,
und sie ist der Mühe Preis.
Jeder muß sich mal entscheiden.
Arbeit zeugt noch nicht von Fleiß.

Arbeit muß es quasi geben.
Denn der Mensch besteht aus Bauch.
Arbeit ist das halbe Leben,
und die andre Hälfte auch.

Seht euch vor, bevor ihr schuftet!
Zieht euch keinen Splitter ein.
Wer behauptet, daß Schweiß duftet,
ist (ganz objektiv) ein Schwein.

Zählt die Arbeit zu den Strafen!
Wer nichts braucht, braucht nichts zu tun.
Legt euch mit den Hühnern schlafen.
Wenn es geht: pro Mann ein Huhn.

Manche geben keine Ruhe,
und sie schuften voller Wut.
Doch ihr Tun ist nur Getue,
und es kleidet sie nicht gut.

Laßt euch auf den Sofas treiben!
Gut geträumt ist halb gelacht.
Hände sind zum Händereiben.
Sprecht schon morgens: „Gute Nacht."

Laßt die Wecker ruhig rasseln!
Zeigt dem Krach das Hinterteil.
Laßt die Moralisten quasseln.
Bietet euch nicht täglich feil.

Wozu macht ihr Karriere?
Ist die Erde denn kein Stern?
Tut, als ob stets Sonntag wäre,
denn es ist der Tag des Herrn.

Vieles tun heißt vieles leiden.
Lebt, so gut es geht von Luft.
Arbeit läßt sich schlecht vermeiden, –
doch wer schuftet, ist ein Schuft!

BERTOLT BRECHT

Alfabet

Adolf Hitler, dem sein Bart
Ist von ganz besondrer Art.
Kinder, da ist etwas faul:
Ein so kleiner Bart und ein so großes Maul.

Balthasar war ein Bürstenbinder
Der hatte 27 Kinder
Die banden alle Bürsten.
Sie lebten nicht wie die Fürsten.

Christine hatte eine Schürze
Die war von besonderer Kürze.
Sie hing sie nach hinten, sozusagen
Als Matrosenkragen.

Die Dichter und Denker
Holt in Deutschland der Henker.
Scheinen Mond und Sterne nicht
Ist die Kerze das einzige Licht.

Eventuell bekommst du Eis
Heißt, daß man es noch nicht weiß.
Eventuell ist überall
Besser als auf keinen Fall.

Ford hat ein Auto gebaut
Das fährt ein wenig laut.
Es ist nicht wasserdicht
Und fährt auch manchmal nicht.

Gehorsam ist ein großes Wort.
Meistens heißt es noch: Sofort.
Gern haben's die Herrn.
Der Knecht hat's nicht so gern.

Hindenburg war ein schlechter General
Sein Krieg nahm ein böses Ende.
Die Deutschen sagten: Teufel nochmal
Den machen wir zum Präsidente.

Indien ist ein reiches Land.
Die Engländer stehlen dort allerhand.
Die Leute in Indien
Müssen sich drein finden.

Katzen sind, wenn sie geboren
Werden, meistens schon verloren.
Da man sie ins Wasser hängt
Werden sie ertränkt.

Luise heulte immer gleich.
Der Gärtner grub einen kleinen Teich.
Da kamen alle Tränen hinein:
Ein Frosch schwamm drin mit kühlem Bein.

Mariechen auf der Mauer stund
Sie hatte Angst vor einem Hund.
Der Hund hatte Angst vor der Marie
Weil sie immer so laut schrie.

Neugieriges Lieschen
Fand ein Radieschen
In Tantes Klavier.
Das Radieschen gehörte ihr.

Oben im Himmel
Ist ein schwarzer Schimmel
Den zieht der liebe Gott.
Der Schimmel schreit: Hüh! Hott!

Pfingsten
Sind die Geschenke am geringsten.
Während Geburtstag, Ostern und Weihnachten
Etwas einbrachten.

Quallen im Sund
Sind kein schöner Fund.
Die roten beißen.
Aber man soll keinen Stein drauf schmeißen.
(Weil sie sonst reißen.)

Reicher Mann und armer Mann
Standen da und sahn sich an.
Und der Arme sagte bleich:
Wär ich nicht arm, wärst du nicht reich.

Steff sitzt lang auf dem Abort
Denn er nimmt ein Buch nach dort.
Ist das Buch dann dick
Kommt er erst am nächsten Tag zurück.

Tom hat einen Hut aus Holz.
Auf den ist er schrecklich stolz.
Er hat ein Nudelbrett aufs Klavier gelegt
Und ihn ausgesägt.

Uhren wirft man nicht in den See.
Es tut ihnen zwar nicht weh
Sie können nur nicht schwimmen
Und werden danach nicht mehr stimmen.

Veilchen stellt ein braves Kind
In ein Glas, wenn es sie find't.
Findet sie jedoch die Kuh
Frißt sie sie und schmatzt dazu.

Wie bös man's mit dir meint
Darfst eines nicht vergessen:
Wenn der Rettich nicht weint
Wird er auch nicht gefressen.

Xanthippe sprach zu Sokrates:
„Du bist schon wieder blau?"
Er sprach: „Bist du auch sicher des?"
Er gilt noch heut als Philosoph
Und sie als böse Frau.

Ypern in Flandern
1917
Mancher, der diesen Ort gesehn
Sah nie mehr einen andern.

Zwei Knaben stiegen auf eine Leiter.
Der obere war etwas gescheiter.
Der untere war etwas dumm.
Auf einmal fiel die Leiter um.

ERICH MÜHSAM

Die Ahnung

Ich trank meinen Morgenkaffee und ahnte nichts Böses.
Es klingelte. Ich ahnte noch immer nichts Böses.
Der Briefträger brachte mir ein Schreiben.
Nichts Böses ahnend, öffnete ich es.
Es stand nichts Böses darin.
Ha! rief ich aus. Meine Ahnung hat mich nicht betrogen.

LI BAI / KLABUND

Blick in den Spiegel

Mein Spiegel ist von Herbstnebeln blind.
Ich kann nicht mehr in den Mai zurück.
Ich flechte aus meinen weißen Haaren mir einen langen Strick.
Ich schlinge ihn um das Horn des Mondes am Himmel fest.
Daß er nicht reißt, wenn mich der Frühwind tanzen läßt.
Meine Zunge wird mir aus den Zähnen jappen.
Reißt sie heraus, gönnt einem Hund den Happen.
(Er wird fortan nur noch nach schönen Versen schnappen.)

ERICH KÄSTNER

Der Handstand auf der Loreley

(Nach einer wahren Begebenheit)

Die Loreley, bekannt als Fee und Felsen,
ist jener Fleck am Rhein, nicht weit von Bingen,
wo früher Schiffer mit verdrehten Hälsen,
von blonden Haaren schwärmend, untergingen.

Wir wandeln uns. Die Schiffer inbegriffen.
Der Rhein ist reguliert und eingedämmt.
Die Zeit vergeht. Man stirbt nicht mehr beim Schiffen,
bloß weil ein blondes Weib sich dauernd kämmt.

Nichtsdestotrotz geschieht auch heutzutage
noch manches, was der Steinzeit ähnlich sieht.
So alt ist keine deutsche Heldensage,
daß sie nicht doch noch Helden nach sich zieht.

Erst neulich machte auf der Loreley
hoch überm Rhein ein Turner einen Handstand!
Von allen Dampfern tönte Angstgeschrei,
als er kopfüber oben auf der Wand stand.

Er stand, als ob er auf dem Barren stünde.
Mit hohlem Kreuz. Und lustbetonten Zügen.
Man frage nicht: Was hatte er für Gründe?
Er war ein Held. Das dürfte wohl genügen.

Er stand, verkehrt, im Abendsonnenscheine.
Da trübte Wehmut seinen Turnerblick.
Er dachte an die Loreley von Heine.
Und stürzte ab. Und brach sich das Genick.

Er starb als Held. Man muß ihn nicht beweinen.
Sein Handstand war vom Schicksal überstrahlt.
Ein Augenblick mit zwei gehobnen Beinen
ist nicht zu teuer mit dem Tod bezahlt!

P.S. Eins wäre allerdings noch nachzutragen:
Der Turner hinterließ uns Frau und Kind.
Hinwiederum, man soll sie nicht beklagen.
Weil im Bezirk der Helden und der Sagen
die Überlebenden nicht wichtig sind.

ERICH MÜHSAM

Futuristischer Schleifenschüttelreim

Der Nitter splackt.
Das Splatter nickt,
wenn splitternackt
die Natter splickt.

PAUL SCHEERBART

Ich hab ein Auge ...

Ich hab ein Auge, das ist blau.
Mir gestern Abend geschlagen.

Ich schrie fünfhundertmal „Au! Au!"
Was wollt ich damit sagen?

Ich weiß es heute selber nicht;
Ich hab ein Heldenangesicht.

FRANZ HESSEL

Bekenntnis einer Chansonette

Sing ich auch hier von Küssen und Kosen,
Von Puderdosen und Spitzenhosen,
Ihr Männer, bildet euch nur nichts ein,
Noch mag ich keinen von euch zum Schatze,
Zu Haus streichl' ich meine Katze
Und lese Schillers Wallenstein.

Ich übe fleißig die übelsten Chosen,
Kokottengebärden und Nuttenposen,
Ich bin noch jung, ich lerne schnell.
Doch eure Liebe, die ist mir schnuppe.
Zu Haus koch ich mir Tomatensuppe
Und lese Schillers Wilhelm Tell.

Und hab ich hier brav gemimt und gewitzelt
Und eure verwöhnten Sinne gekitzelt,
Dann geh ich nach Hause ganz allein.
Im Bettchen eß ich 'ne Schillerlocke
Mit Sahne und lese das Lied von der Glocke
Oder die Jungfrau – und schlafe ein.

ERICH MÜHSAM

Schüttelreim

An der Liebe Niederlagen
lässt der Dichter Lieder nagen.

FRANK WEDEKIND

Stallknecht und Viehmagd
Carmen bucolicon

Die Bärin wohnt im tiefen Walde,
Im tiefen Wald wohnt auch der Bär,
Und an demselben Aufenthalte,
Da wohnen Bären bald noch mehr.

Und im Olymp, da wohnen Götter,
Darunter Venus und Apoll;
Dort hat man ewig schönes Wetter
Und jeder Gott ist liebevoll.

Auf ödem Felde schafft die Viehmagd,
Tut ob der Arbeit manchen Schrei,
Jedoch Cupido, der sich nie plagt,
Wälzt sich im Grase nebenbei.

Nun kommt der Stallknecht mit den Kühen;
Auch Ochsen ziehen an dem Pflug,
Doch muß er selbst das meiste ziehen,
Dann geht es eben flott genug.

Cupido duckt sich listig nieder,
Er legt den Boden an mit Lust
Und schießt die Viehmagd durch das Mieder
In ihre ahnungslose Brust.

Der Stallknecht komm herbeigesprungen,
Auf daß er rasch ihr Hilfe bringt;
Cupido trifft den guten Jungen,
Daß er mit ihr zu Boden sinkt.

Da liegen Stallknecht nun und Viehmagd
Und schauen sich verwundert an,
Und nachher tun sie, was man nie sagt,
Doch was man leicht erraten kann.

Robert und seine Spassgesellen

ROBERT GERNHARDT

Weil's so schön war

Paulus schrieb an die Apatschen:
Ihr sollt nicht nach der Predigt klatschen.

Paulus schrieb an die Komantschen:
Erst kommt die Taufe, dann das Plantschen.

Paulus schrieb den Irokesen:
Euch schreib ich nichts, lernt erst mal lesen.

F. W. BERNSTEIN

Aus dem Schmatzkästlein des schweinischen Hausfreundes

Es werden aus unserem Körperbau
kaum noch die Doktoren schlau.
Vielen ist als Sitz der Lust
nur die Brieftasche bewußt;
wenn die von den Lüsten wüßten,
was sie alles wissen müßten,
alle Punkte, Stellen, Tricks –
doch Doktoren wissen nix.
Nur der Dichter packt noch die
menschliche Anatomie,
findet sich zurecht in vielen
dichterischen Doktorspielen,
sucht und sucht mit heißen Ohren,
wo er sonst gar nix verloren.
Findet auch ganz im geheimen
eine böse Lust beim Reimen,
und so fügt er eine geile
Zeile an die nächste Zeile,
und das wird – man ahnt es schon –
Körperbauspekulation.
Meistens macht die Suche Sinn:
sie bringt hohen Lustgewinn.
Lyrik forscht nach wundervollen
Teilen, die wir haben sollen.
Die besonderen, speziellen,
libidinös besetzten Stellen

nimmt der Dichter wahr und zwar
lustbetont mit Haut und Haar.
Prahlen wird er mit den schmalen,
dicken, haarigen und kahlen,
idealen und realen
illegalen, kolossalen,
coolen und sentimentalen,
total tollen Regionen,
wo die Fleischeslüste wohnen.
Dieses Streben nach dem Glück
ist an sich ein starkes Stück,
ja vom Standpunkt der Moral
ist es Schweinkram und Skandal.
Ist dem Dichter wurst.
Siehe er verkündet allen
Menschen noch mehr Wohlgefallen
an den Knöcheln, Knien und Kehlen,
auch der Kopf, der darf nicht fehlen,
ganz zu schweigen von Gefühlen,
die beim Wühlen in den Pfühlen …

Schluß jetzt! Aus! Kurz und knapp:
Da geht's ab:

I
Von den siebzehn Körperteilen
nenne ich zuerst die geilen:
Daumen, Gaumen, Busen, Mund,
Nabel, Schniebel, Wadel, und
da war doch noch so ein Teil,
das vergeß ich immer, weil,
es hat einen wüsten Namen,

einen häßlichen, infamen.
Es heißt nämlich wie das Ding,
das meist gar nicht mehr abging –
gleich fällt mir der Name ein:
's wird wohl die Brustwarze sein.

II
Zwischen Knie und Sockenrand
ist erotisch ödes Land.
Schön ist zwar die Wade,
doch sie bringt's nicht. Schade.

III
Viel Freude bringt der Fuß,
den man vorher waschen muß.
Auch der Stiefelfetischist
liebt den Fuß nicht wie er ist;
hat ihn gern im Schuh –
und Du?

IV
Dinge wie das Unterhemd
sind eigentlich körperfremd,
doch tut selbst ein alter Hut
oft erotisch noch sehr gut;
magst ihn in besonders heißen
Nächten in die Krempe beißen.
Kannst ihn küssen, kannst ihn knüllen,
ihn mit Lust und Liebe füllen –
Herz, mein Herz, was willst Du mehr?
Etwa noch Geschlechtsverkehr?

V

Mancher Herr hat solche Stellen,
die bei der Berührung schwellen;
Beulen, die am Kopf entstehn,
sind nur selten erogen.

Andere Teile wieder schrumpeln,
wenn zwei aufeinanderpumpeln.
Beispielsweise das Plumeau
und das Diskussionsniveau.

Was auch zusammenschrumpfen tut,
grade in der höchsten Glut,
das ist das Brikett
und die Zigarett.

VI

Erogen ganz ohne Frage
ist die Stereoanlage.
Den, der dran rummachen darf,
macht sie fickerig und scharf.

VII

Manche sagen jetzt, es fehle
auf der Liste noch die Seele.
Seele, Seele fehlt nicht, weil:
Seele ist total echt geil.

ROBERT GERNHARDT

Herr und Knecht

Der Herr rief: „Lieber Knecht,
mir ist entsetzlich schlecht!"
Da sprach der Knecht zum Herrn:
„Das hört man aber gern!"

THOMAS GSELLA

Gehälter im Fußball zu hoch!

Hundert Mio Mark per anno
kriegt ein Fußballstar – und mehr.
Ich bekomm für diese Zeilen
grad mal folgendes Salär:

Eine Mio für die erste
Strophe und die zweite zwei,
schlappe fünf für jede weitere,
also schreib ich besser drei.

Lalala, der Ball ist rund,
Hooligans sind dummes Pack,
Muskelriß ist ungesund:
acht Millionen Mark im Sack.

ROBERT GERNHARDT

Auf der Fahrt von Ringel nach Natz notiert

Wie kann eine Stadt nur Zwieback heißen!
Sie heißt auch nicht so.
Heißt Peine.
In die kannst du jahrelang hineinbeißen
und bleibst doch alleine.

Ich muß es wissen.
An Peine
habe ich mir alle meine
Zähne ausgebissen.

Da sind die Straßen so grad,
daß es einen graust.
Und die Häuser wirken so steinern und fad
und unbehaust.
Denn wer ist schon gern Peiner?
Keiner.

Dort lebte ich sieben Jahre lang,
dann ging ich
nach Paris, da fing ich
ein neues Leben an.
Paris, das ist eine große Stadt. Sie liegt an der Seine.
Langsam wachsen sie mir wieder,
die Zähne.

F. W. BERNSTEIN

Grußwort

Bis auf Elch wird jedes Tier getötet,
das beim Abschied „TSCHÜSSI!" flötet;
jedes Tier, das mit „HALLÖCHEN" grüßt,
büßt.
Nur der Elch, der darf. Warum? Nun ja:
Er grüßt nie. Wenn doch, dann nur mit „Na?!"

ROBERT GERNHARDT

Das Gleichnis

Wie wenn da einer, und er hielte
ein frühgereiftes Kind, das schielte,
hoch in den Himmel und er bäte:
„Du hörst jetzt auf den Namen Käthe!" –
Wär dieser nicht dem Elch vergleichbar,
der tief im Sumpf und unerreichbar
nach Wurzeln, Halmen, Stauden sucht
und dabei stumm den Tag verflucht,
an dem er dieser Erde Licht …
Nein? Nicht vergleichbar? Na, dann nicht!

F. W. BERNSTEIN

Horch – ein Schrank

Horch – ein Schrank geht durch die Nacht,
voll mit nassen Hemden …
den hab ich mir ausgedacht,
um Euch zu befremden.

VOLKER KRIEGEL

Tierischer Drogenmißbrauch

Vom Schnüffeln ist das Moschusrind
inzwischen schon so gut wie blind.

Dem alternden Chamäleon
verhilft der Mohn zur Erektion.

Das Rauschgift macht den Albatros
vorübergehend hemmungslos.

Das Wildschwein drückt zuerst aus Frust,
am Ende aus Zerstörungslust.

Schon wieder hat der Ochs gelogen
(Angeblich nimmt er keine Drogen …)

So mancher Specht aus altem Adel
hängt schon seit Jahren an der Nadel.

Nur Keniagras verschafft dem Rhino
im Kopf das geile Action-Kino.

Vom Koks bekommt der Pelikan
den absoluten Größenwahn.

Beliebt ist unter Wasserbüffeln
seit Jahr und Tag das UHU-Schnüffeln.

Dem Fahnder schwört das Hermelin,
es sei schon seit zwei Jahren clean.

Pro Abend braucht der Pinguin
zumindest ein Gramm Kokain.

„Man braucht", seufzt resigniert die Dohle,
„zum Koksen leider sehr viel Kohle."

Schon nach der ersten Überdosis
weiß keiner mehr, was wirklich los ist.

Es ist ein Jammer, wie die Mücken
sich fertigmachen mit dem Drücken.

Klammheimlich hat der Zitterrochen
das ganze Mescalin erbrochen.

Begeistert gluckst das zu'ne Lama:
„Törnt echt gut an, das Maiuama."

So stoned wie Pilzfreund Castaneda
ist von den Molchen praktisch jeder.

Es hat so manche fette Sau
sich krumm verdient am Mohnanbau.

Als Abschluß setzt der Oktopus
sich aus Versehn den goldnen Schuß.

WIGLAF DROSTE / GERHARD HENSCHEL / KATHRIN PASSIG

Musse feife in Wind

Wiefille Strase musse Mann gähe weg
Bise heise riktike Mann?
Wiefill grose Waser musse weise Voggl fligg
Bise könne schlaffe inne Sand?
Wie oft musse Kanonnekuggl mache bumm
Bis alle sagge: Nixgutt! Verbott?
Riktik Antwort gutt Freund, musse feife in Wind
Riktik Antwort musse feife inne Wind

Wie oft musse Manne kucke immeßu
Bise könne sähe de Himmäl?
Wiefille Ohre musse eine Manne hab
Bise könne höre Au Au Au?
Wiefill totkaputtä Leute musse säh
Bise wise, sein zufill totkaputt?
Riktik Antwort, gutt Freund, musse feife in Wind
Riktik Antwort musse feife inne Wind

Wiefille Jahr könne grose Berg läb
Bise isse gewasche vonne Säa?
Unne wiefille Jahr könne läbe eine Volk
Bise freisein, düffe alles, hurra?

Unne wie oft könne Massa drähe seine Kopp
Unne tue so, als ob nixe säh?
Riktik Antwort, gutt Freund, musse feife in Wind
Riktik Antwort musse feife inne Wind
(nach Bob Dylan: Blowin' in the Wind)

186

ROBERT GERNHARDT

Zoo-Impressionen

Wie traurig dieser Wolf
in dem Gehege!
Wie schrecklich,
daß er steht!
Wie furchtbar,
wenn er läge!

Erdmännchen huschen
durch die Nacht,
mit schrillem Schrei
gen Osten.
Unstete Fahrt
gebt acht, gebt acht,
gleich rauscht ihr
an den Pfosten!

Verrat, Verrat,
ein Loch im Draht!
Und da schon wieder eines!
Zur Hilf! Herbei!
Gleich sind sie frei,
die Graugans und ihr Kleines!

Am Pferch steht „Zebu".
In dem Pferch,
da steht ein Rind, ein weißes.
Das mag ich nicht.
Das nächste Mal
lock ich es an und beiß es.

Brüllt nur, Löwen,
fletscht die Zähne!
Faucht nur,
schüttelt eure Mähne!
Macht nur weiter so,
ihr schafft es
und bekommt was Raubtierhaftes.

Ach, Kronenkranich, plärr nicht so!
Du bist doch nicht allein im Zoo!

F. W. BERNSTEIN

Die Auskunft

Hör ich recht?
Bertolt Brecht?
Hier bei uns? In diesem Zimmer?
Nie und nimmer!

Gerhart Hauptmann?
Und das glaubt man?
Hier im Raum?
Nicht im Traum!

Gleich halt ich das nicht mehr aus!
Also jetzt auch noch Karl Kraus?
Hier im Haus?
Raus!

Nun ist gut, verstanden? Denn –
Wen denn nun noch? Gottfried Benn?
Ja, der ist
hier Lagerist …

(laut): Behenn! Besuch für dich!

ROBERT GERNHARDT

Bilden Sie mal einen Satz mit ...

Garant
Der Hase trägt den Kopfverband,
seitdem er an die Wand garant

Mandarin
Wir schafften uns den Beichtstuhl an,
weil man darin nett beichten kann.

Rudiment
Ach Lieschen, sei mal wieder froh,
der Rudi ment es doch nicht so!

Krise
Peter Pudding? So heißt du?
Ach, du kri se Tür nicht zu!

servil
Willst du dereinst in Frieden ruhn,
mußt du erst ser vil Gutes tun.

normal
He! Könnse mir mein Namen sagen?
Nein? Na, ich wollte nor mal fragen!

lesbisch
Und als die ersten Hörer grollten
und schon den Saal verlassen wollten,
da sprach der Dichter ungerührt:
„Ich les bisch euch der Arsch abfriert."

ROR WOLF

vier herren

vier herren stehen im kreise herum
der erste ist groß der zweite ist krumm
der dritte ist dick der vierte ist klein
vier herren stehen im lampenschein

der erste ist stumm der zweite ist still
der dritte sagte nichts und der vierte nicht viel
sie stehen im kreise und haben sich jetzt
die hüte auf ihren kopf gesetzt

F. W. BERNSTEIN

Wallensteins Ende

„Lebend sollt ihr mich nicht kriegen,
denn ich bin der Wallenstein!
Wenn die Feinde mich besiegen
will ich eine Leiche sein."

Er fing schon mal an zu sterben,
weil das zieht sich etwas hin.
Und er fragt: „Wer soll was erben,
wenn ich einmal nicht mehr bin?"

Er vermacht dem Türkenkaiser
rasch sein Lieblingstestament,
dann stellt er den Atem leiser,
wie man das vom Sterben kennt.

„Auf der Trommel werd ich kauern",
sagt er, „hier mein letztes Wort:
Wallenstein wünscht allen Bauern
viel Erfolg beim Wintersport!"

Und er zog den letzten Atem
zügig durch die Nase ein –
schloß dann selbst mit akkuratem
Wimpernschlag die Äugelein.

Schwups, war er von selbst gestorben.
Und Freund Hein, der kam zu spät.
War ihm das Geschäft verdorben.
Wenn das jeder machen tät!

ROBERT GERNHARDT

St. Heine

Jedwedes Dichten hat Folgen,
An die ein Poet nie gedacht.
Du, Heine, hast uns Literaten
Den Frieden auf Erden gebracht.

Dich, Heine, preisen hier Federn,
Die sich sonst bekämpfen aufs Blut.
Laut rühmt dich der Reich-Ranicki,
Und der Raddatz-Fritz ist dir gut.

Auf dich berufen sich Dichter,
Die einander sonst spinnefeind.
Dein Lob hat zerstrittne Poeten
Wie Rühmkorf und Biermann geeint.

Viel fehlt nicht, sie sprechen dich heilig.
Willst du dich dessen erwehr'n,
Dann lasse nochmal deine Stimme
In göttlicher Frechheit hör'n.

Sag uns was zum Reich-Ranicki,
Zum Biermann, zum Raddatz-Fritz,
Zum Rühmkorf, zum Schreiber der Zeilen,
Zu allen, die deinen Witz

Aus sichrer Entfernung verehren –
Tritt ihnen nur einmal zu nah:
Und statt des heiligen Heine
Wär wieder der höllische da.

THOMAS GSELLA

Der Pilot

Er fliegt im Immerblau umher,
Wo Sonnen ihn erwarten.
Erst steigt er hoch, dann landet er,
Um bald darauf zu starten.

Und wieder fliegt er hoch und weit
Und sinkt bewundert nieder.
Dann fliegt er in der gleichen Zeit
Zurück und landet wieder.

Dann startet er und fliegt und sinkt,
Um schleunigst abzuheben,
Worauf erneut die Landung winkt.
Ein Traum von einem Leben.

Der Hausmeister

Sein Wanst ist rund, sein Kittel grau,
Sein Mund hat Lächelsperre.
Seit jeher wohnt er ohne Frau
Mit Garten in Parterre.

Er hält den Flur von Rädern frei
Sowie von Kinderwagen.
Doch sagt 'ne Mutter: Einerlei,
Dann will er mal nichts sagen

Und würgt sie tot und führt ihr Kind
Zum Munde, und dann beißt er's.
Man fragt sich wirklich, wo wir sind:
Samt Schal und Schuh verspeist er's!

Der Bauer

Der Bauer pflegt ein wahres Sein
Fernab der falschen Städte.
Er haust mit Henne, Rind und Schwein
Am Start der Nahrungskette.

Dort baut er unser Essen an
Mit Liebe und mit Dünger.
Es litte ohne diesen Mann
Ein jeder Städter Hunger!

Beim Trunk allein versagt er schwer:
Nur Milch bringt uns der Bauer.
Da bringt uns doch entschieden mehr
Sein Konkurrent, der Brauer.

F. W. BERNSTEIN

Warnung an alle

In mir erwacht das Tier.
Es ähnelt einem Stier.
Das ist ja gar nicht wahr,
in mir sind Tiere rar.

In mir ist's nicht geheuer,
da schläft ein Zuckerstreuer.
Und wenn der mal erwacht,
dann gute Nacht!

ROBERT GERNHARDT

Folgen der Trunksucht

Seht ihn an, den Schreiner.
Trinkt er, wird er kleiner.
Schaut, wie flink und frettchenhaft
er an seinem Brettchen schafft.

Seht ihn an, den Hummer.
Trinkt er, wird er dummer.
Hört, wie er durchs Nordmeer keift,
ob ihm wer die Scheren schleift.

Seht sie an, die Meise.
Trinkt sie, baut sie Scheiße.
Da! Grad rauscht ihr drittes Ei
wieder voll am Nest vorbei.

Seht ihn an, den Dichter.
Trinkt er, wird er schlichter.
Ach, schon fällt ihm gar kein Reim
auf das Reimwort „Reim" mehr eim.

WIGLAF DROSTE

Drei Birkengedichte

1
Junge schlanke Birkenbäume
Hochgewachsen und sehr willig
Bevölkern meine feuchten Träume
Finden Sie das auch so billig?
2
Birken find ick ziemlich knorke
Denn ick stamme aus Ballin
Besonders die schwarz-weiße Borke
Reißt ma imma wieda hin.
3
Sie nennen mich den Birken-Benn
Denn ich bedichte Birken
Bescheiden, still und treu, als Fan
Will ich für Birken wirken.

ROBERT GERNHARDT

Deutung eines allegorischen Gemäldes

Fünf Männer seh ich
inhaltsschwer –
wer sind die fünf?
Wofür steht wer?

Der erste Wams strahlt
blutigrot –
das ist der Tod
das ist der Tod

Der zweite hält die
Geißel fest –
das ist die Pest
das ist die Pest

der dritte sitzt in
grauem Kleid –
das ist das Leid
das ist das Leid

Des vierten Schild trieft
giftignaß –
das ist der Haß
das ist der Haß

Der fünfte bringt stumm
Wein herein –
das wird der
Weinreinbringer sein.

KITZELN MIT REIMEN: WEITERE ERLESENE ZWERCHFELLPFLEGER

ADOLF ENDLER

Gedenken an zwei Stammgäste

1

Ein warm koloriertes Foto: Herr Betz,
Geschäftsmann, daneben Betz' Frau.
– „Geschäftstüchtig wie keine zweite!"
Da lag Betz' Beil noch unter Briketts
Im Keller und braunkohlengrau.
– „Ohne sie wär ich schon lange pleite!"
– „Die Seele des ganzen Geschäfts! Einwandfrei!"
– „Daneben, was bin ich? Ein Frühstücksei!"
Da schlug sie es auf, zackklack (ohne Schrei
Herr Betz kippte mählich zur Seite),
Als teilte sie nicht den Schädel von Betz,
Als zerkleinerte sie nur eins der Briketts,
Als spaltete sie ein paar Scheite …
Und gestern noch Stammgast.

2

Wir vom Stammtisch empfinden es fast als Verrat:
Das wird nie mehr der alte Donnerstagsskat!

HEINZ ERHARDT

Der König Erl

(frei nach Johann Wolfgang von Frankfurt)

Wer reitet so spät durch Wind und Nacht?
Es ist der Vater. Es ist gleich acht.
Im Arm den Knaben er wohl hält,
er hält ihn warm, denn er ist erkält'.
Halb drei, halb fünf. Es wird schon hell.
Noch immer reitet der Vater schnell.
Erreicht den Hof mit Müh und Not –
der Knabe lebt, das Pferd ist tot!

PETER HACKS

Der Monarch

Herr Ludewig von Frankreich,
Bekannt vor langer Zeit,
Der hielt nicht für belangreich
Die Kunst der Reinlichkeit.

Er hatte goldene Kleider
Und Puder im Gesicht,
Doch ein Stück Seife, leider,
Das hatte Ludwig nicht.

Im Schlosse zu Versailles
Schritt er von Raum zu Raum,
Ansehnlich einesteiles,
Doch andernteiles kaum.

Denn wenn er kam, dann bückten
Die Herrn sich bis zum Schuh,
Und wenn er ging, dann drückten
Sie sich die Nase zu.

Er war ein großer König,
Genennet war sein Nam,
Doch liebte ihn halt wenig,
Wer ihm näher kam.

Zwei Doktorn der Sorbonne
Beschrieben ihn genau:
Er glänzte wie die Sonne,
Er roch wie eine Sau.

ANDREAS OKOPENKO

Wiegenlied, falls die Mongolen kommen

Der Mongolenfürst
verkauft Mongolenwürst,
und auf Mongolenwurst
kriegt man Mongolendurst.

Man trinkt Mongolenbier
und wird mongolenstier,
und der Mongolenstier
ist ein Mongolentier.

Der frißt Mongolengras
und läßt Mongolenschaß,
und der Mongolenschaß
ist ein Mongolenspaß.

Und bist du ein Mongol,
ist dir mongolenwohl,
doch bist du kein Mongol,
holt dich der Beinmongol.

LUDWIG THOMA

Gräßliches Unglück, welches eine deutsche Familie betroffen hat

Im Wirtshaus sitzt der Vater,
Die Mutter im Theater,
Sie schwelgt im Kunstgenuß.
Die Tochter, unschuldsreine,
Liest still beim Lampenscheine
Den Simplicissimus.

Wie alle höh'ren Töchter
Hat sie nicht der Geschlechter
Verschiedenheit gekennt.
Doch als sie dies gelesen,
Ist alles futsch gewesen,
Was man moralisch nennt.

Sie ließ den Storchenglauben
Wohl über Nacht sich rauben,
Und sonst noch mancherlei.
Sie las vergnügt die Witze,
Verstand die frechste Spitze,
Und wußte, was es sei.

Als dies die Mutter ahnte
Und ihr das Schlimmste schwante,
Sprach sie nicht einen Ton.
Sie schloß in ihrer Kammer
Sich ein, mit ihrem Jammer
Und einem Bariton.

Noch tiefer ist gesunken
Der Vater. Schwer betrunken
Holt er sich bald die Gicht.
Wie war er gut katholisch!
Jetzt ist er alkoholisch!
Bis daß sein Bierherz bricht.

Er geht nicht mehr von hinnen,
Poussiert die Kellnerinnen
Vor Gram und Überdruß.
Und wer hat das verschuldet?
Der, den man leider duldet,
Der Simplicissimus!

HORST JANSSEN

Caspar David

Der Caspar David Friederich
Das war ein schlimmer Nutzerich
Er riß den Bäumen rund ums Haus
Die Lindelblätter einzeln aus.
Zu gerne malte er sie kahl
Kahl malt' er sie wohl hundertmal.
Nicht nur im Winter, wenn es schneit
Nein – auch zur grünen Sommerzeit.

Es stand ein Herr bei Dämmerung
Versunken in Beobachtung
Von hinterrücks herzu sich schlich
Der Caspar David Friederich.
Rief plötzlich dann aus voller Lunge:
„Ei, guten Morgen, lieber Runge!"

Dem Runge setzt der Herzschlag aus
Er mußte gleich ins Krankenhaus
An seinem Bett sitzt Friederich
Und tut grad so, als schämt er sich.
Doch in Gedanken malt er ab
Den Kissenberg als Hünengrab.

PETER HACKS

Lebensbeschreibung der morschen Eiche Hulda, von ihr selbst

Ich steh im Bistum Fulda
In einem wüsten Tal.
Ich bin die Eiche Hulda
Und ein Naturdenkmal.

Ich blieb, mit hohlem Leibe,
Als Rest von einem Wald.
Und wenn ich übertreibe,
Bin ich schon schrecklich alt.

Ich war eine kleine Eichel
Im Jahr 904.
Indes, wie ich mir schmeichel,
Wurd etwas aus mir.

Die Baumschule Prinz v. Sachsen,
Die war nicht weit entfernt.
Da lernte ich das Wachsen,
Und was man sonst so lernt.

Mich zu entlauben hinter
Dem Herbst und vor dem Schnee.
Ich sah wohl tausend Winter.
Eichemine.

Ein roter Eichelkater
Hat auf mir seinen Thron.
Weiß nicht, ist er sein Vater
Oder sein Enkel schon?

Es kamen deutsche Wilde,
Die hatten einen Zorn
Und hingen ihre Schilde
Auf an meinen Knorrn.

Es kamen römische Feldherrn.
Es kam der Wallenstein.
Ich sah so manchen Weltherrn,
Manchen Gesangverein.

Jahrhundert um Jahrhundert
Ein großes Hin und Her.
Erst hab ich mich gewundert.
Jetzt wundert mich nichts mehr.

Ich bin die Eiche Hulda
Und habe den Katarrh.
Ich steh im Tal bei Fulda
Und knarr.

HERMANN LINGG

Das Krokodil zu Singapur

Im heil'gen Teich zu Singapur
Da liegt ein altes Krokodil
Von äußerst grämlicher Natur
Und kaut an einem Lotosstiel.

Es ist ganz alt und völlig blind,
Und wenn es einmal friert des Nachts,
so weint es wie ein kleines Kind,
Doch wenn ein schöner Tag ist, lacht's.

ANDREAS OKOPENKO

Kinderjause

MUTTI:
Tidirallala tidirallala,
Karli hat heut Geburtstag.
Tidirallala tidirallala,
Kinder, singt doch was Schönes.

KARLI:
Wenn ich Lämmlein schlachten will,
hält es unterm Messer still.
Ei wie lieb, ei wie lieb,
Lämmlein klein mit Todestrieb.

MUTTI:
Tidirullulu tidirullulu,
das hat mir gar nicht gefallen.
Tidirullulu tidirullulu,
Kinder, singt doch was Schönes.

LIESI:
Wenn ich Karli heut erschlag,
war sein letzter Purzeltag.
Ei wie süß, ei wie süß,
Karli ohne Händ und Füß.

(Die Mädchen lachen begeistert.)

MUTTI:
Tidirullulu tidirullulu,
lasst doch Karli am Leben.
Tidirullulu tidirullulu,
Walter, sing was von Liesi.

WALTER:
Wenn die Gans im Bratrohr zischt,
möcht ich, daß es Liesi ischt.
Ei wie fein, ei wie fein
wird der Liesibraten sein.

(Die Buben lachen begeistert.)

MUTTI:
Tidirullulu tidirullulu,
„ischt" sagen nur die Tiroler.
Tidirullulu tidirullulu,
gewöhnt euch ein besseres Deutsch an.

EVI *(sehr gewählt):*
Gibt es Blitz und Donnerkrach,
bind ich Walter an das Dach.

Ei wie schwarz, ei wie schwarz:
Walter brennt wie Pech und Harz.

(Die Mädchen lachen begeistert.)

MUTTI:
Tidirullulu tidirullulu,
schwarz wird doch Walter erst nachher.
Tidirullulu tidirullulu,
erst bekommt er nur Blasen.

MAXI:
Wenn ich Evi untertauch,
kriegt sie einen grünen Bauch.
Ei wie weich, ei wie weich,
Evilein als Wasserleich.

(Die Buben lachen begeistert.)

MUTTI:
Tidirullulu tidirullulu,
seid nicht so häßlich zu Evi.
Tidirullulu tidirullulu,
Evi ist doch mein Liebling.

SYLVI:
Brech ich Mutti das Genick,
macht sie noch ein letztes „Gick!"
Ei wie nett, ei wie nett,
Mutti steif am Totenbett.

*(Buben und Mädchen klatschen begeistert in die Hän-
de. Die Mutti kann sich vor Lachen nicht halten.)*

MUTTI:
Tidirallala tidirallala,
habt ihr den Kuchen gegessen?
Tidirallala tidirallala,
habt ihr den Milchtee getrunken?

Tidirallala tidirallala,
eins zu null für die Mutti.
Tidirallala tidirallala,
alles war nämlich vergiftet.

(Buben und Mädchen fallen blauwerdend um. Die Mutti klatscht begeistert in die Hände. Vorhang.)

MASCHA KALÉKO

Hippopotamus am Kärnterring

Es fuhr ein Hippopotamus
Zu Wien in einem Omnibus.
Da sprach ein Mann zu seiner Frau:
„… A Hippopotamusserl, schau!"

ARNO HOLZ

Er durchhechelt auch die Weibrichins

Amor / du verflixter Bube /
kömbstu mir schon auff die Stube /
sälbst wenn ich beym Ocksen bin?
Marsch! Ich kann dich itzt nich bräuchen /
scheer dich draussen zu den Sträuchen /
oder auch zu Fillis hin!
Ihren Sizz vollkommner Lüste /
ihre Wunder-volle Brüste
lege einem Andren bey;
mag sie schmollen oder lachen /
oder auch mir Hörner machen –
dihses ist mir einerley!

Erst so sehn die Mäntscher auß /
als ob von dem sälben Dauß
mindestens die *Gracien* stammen;
bald so märckt man sie fast rund /
sind sie würcklich so gesund?
Spähter werden sie dan Ammen.
Das Bürtzel-Spihl auff Stoß und Stich
verstehn sie fast zu dapfferlich!

Flammaris mit fünfzehn Jahren
dhut noch zihmlich unerfahren /
doch schon ist das süße Wesen
in Romänen höchst belesen /
und schon offt hat ihr getraumt /
daß sie wem waß eyn-geraumt!

Siebzehn-jähricht
Stichel-hähricht!
Kükkt man solcher auff das Mihder /
schlägt sie nicht die Augen nihder! /
Mädrichins kan ich blohß leiden
wohl-gesittet und bescheiden /
Dörtgen / das nach jedem schuhlt /
scheint mir drümb schon abgebuhlt! /

Bambrette wird mir schon zu breit /
sie stammt noch aus der Schweden-Zeit;
drümb legt sie auch so ohnverdrossen
sich Frosch-Laich auff die Sommer-Sprossen.
Für ihren auß-gestopfften Busen
verhüllen schaudrend sich die Musen;
Der Himmel schänck ihr einen Mann /
ihr kommen sonst die Schaben dran!

Barbettgen ist sogar schon bartig
wenn man sie küsst / so wird man schartig /
auß ihrer Elen-langen Nase
droppts wie auß einer Wasser-Blase.
Ihr Maul von angenehmer Bläue
gleicht mehr schon einer Vogel-Schäue;
darbey so kan sie kaum noch buhsten /
sie blagt ein heischrer Krüchel-Husten.
Ein andrer suche ihr nach Flöhen

auff den belihbten Busen-Höhen /
mein Hertz erzittert schon und bebt /
sorbald sich blohß ihr Dünn-Tuch hebt!

Dringen ist for mir zu simpel.
Ich gläube gar / sie küsst blohß Gimpel.
Man siht es ihr nicht an vom Weiten /
doch hat sie schöne Einzelheiten.
Ich so gäb sie jeden Falls
for ein Qwäntgen Attisch Saltz;
blohß zu Fleisch und blohß zu Bein
kann ich nicht rächt zährtlig seyn!

Celinde ümb ihr bißgen Waden
helt sich zu schade for die Maden.
Seit Kloridan sich ihr entrissen /
will sie von keinem mehr waß wissen.

Nur Eins kan sie von all den Nympffen /
ihr Maul biß auff den Absazz rümpffen.
Zeit fehlt mir und Bappihr /
sonst schrihb ich ihr!

Dihses scheint mir ganz gewiß /
ein Luder ist auch Lysilis!
Zwar hat sie schrökklich vihl Erfahrung /
doch fliht sie ümmer noch die Paarung.
Inssonderlich uns Dheologen
zeigt sie sich eusserst ohngewogen;
ich gläub / sie geht auff Lug und Drug /
sie dhut mir nicht modest genug!

Floris / dihses schlaue Biest /
fast am mehrsten mich verdriesst.
Kan schon einer von ihr sagen /
daß sie ihm waß ab-geschlagen?
Kaum so hat sie wen allein /
gönnt sies ihm vergnügt zu seyn;
gleich so nimbt sie weich und warm
ihn in ihren Schwahnen-Arm!

Mechthildgen geht auff schwehren Füßen /
sie muß ihr Freundlich-seyn itzt büßen.

Von jedem Bawian und Holuncken
lihß sie sich in die Brühe tuncken;
bey solcher zeig ich wenig Eyffer –
fy Teix / da ligt noch frembder Geiffer!

Wo auff des *Parnasses* Spizzen
die geneundte Schwestern sizzen /
kann ich mir itzt kaum vergeben
mein verfluchtes Buhler-Leben!
Meine vor gemachte Lieder
sind mir gantz und gar zuwihder;
ein Knaster-Pfeiffgen / ein Coffee
sind mir mein eintzges *Recipe*.
Meine annoch grüne Jugend /
gönn ich fortab blohß der Dugend;
darfor so kröhnt einst mein Gebein
ein zubespizzter Marmol-Stein!

HEINRICH GRÜN

Rösser im Mondlicht

„Rösser, die im Mondlicht liegen",
singt Freifrau Liz von Thauen.
Die Freifrau singt.
Es scheint der Mond.
Sechs Hengste leis miauen.

JAMES KRÜSS

Das Königreich von Nirgendwo

Das Königreich von Nirgendwo
liegt tief am Meeresgrund.
Dort wohnt der König Sowieso
Mit Niemand, seinem Hund.

Die Königin heißt Keinesfalls.
Sie ist erstaunlich klein,
hat einen langen Schwanenhals
und sagt beständig: Nein!

Und Keiner ist der Hofmarschall.
Er trinkt gern süße Luft.
Sein Haus (gleich neben Niemands Stall)
besteht aus Kieselduft.

Die Köchin Olga Nimmermehr,
die wohnt in Keiners Haus.
Sie putzt und werkelt immer sehr
und kocht tagein, tagaus.

Am liebsten kocht sie Grabgeläut,
mit Seufzern feingemischt.
Das wird im Schloß zu Keinerzeit
meist Niemand aufgetischt.

Oft macht die Katze Niemals hier
zu Keinerzeit Tumult.
Dann sorgt sich Keiner um das Tier,
und Niemand kriegt die Schuld.

Man schimpft ihn tüchtig aus und läßt
ihn prügeln noch und noch.
Für Nimmermehr gibts Hausarrest,
und Keiner muß ins Loch.

Doch meist ist König Sowieso
sehr friedlich und human.
Drum liebt im ganzen Nirgendwo
ihn jeder Untertan.

Ich selber ging mal seinerzeit
zu einer Zeit im Mai
(man tat so was zu meiner Zeit)
an Keinerzeit vorbei.

Das Meer war still. Und Keiner stand
am Zaun, nach mir zu schaun.
Schloss Keinerzeit lag linker Hand
und Niemand rechts am Zaun.

Das Königreich von Nirgendwo
liegt irgendwo am Grund.
Dort wohnt der König Sowieso
mit Niemand, seinem Hund!

ANDREAS OKOPENKO

Mädchenlied

Nachts, wenn die Schiffe heulen im Hafen
(nein, das geht nicht, das war schon sehr da),
kann ich nicht schlafen, außer mit Grafen
oder dem Ignaz,
dem blonden Ignaz von Korsika.

Nachts, wenn die Wüste strotzt von Hyänen
(nein, das geht nicht, die sind mir zu wild),
kann ich nicht schlafen, außer mit Dänen,
Tivoli-Dänen,
oder dem Türken vom Wirtshausschild.

Nachts, wenn die Mörder Vollmondschein schlürfen
(nein, das geht nicht, die trinken nur Gin),
kann ich nicht schlafen, außer mit Maulwürfen,
und auch den Igeln,
den zärtlichen Igeln geb ich mich hin.

Zwei Limericks

Hackfleisch aus Backsten

Das Weib eines Säufers in Buxton,
das schwor: Heut nacht noch, da puxton
    am Kragen und kippston
    aufs Bett, den Allerliebston,
und wenn er fest schnarcht, dann zerhuxton.

Ein humaner Henker aus Kahl

Ein humaner Henker aus Kahl,
der köpfte mit schärfstem Stahl.
    Oft mußt' nach dem Schlagen
    dem Opfer er sagen:
„Mein Freund, nun nicken Sie mal!"

PETER HACKS

Nachricht vom Leben der Spazoren

Bei Asien gleich querfeldein,
Da leben die Spazoren.
Die haben Rüssel wie ein Schwein
Und tellergroße Ohren.

Von Tokio bis nach Athen
Gibt's keine mehr wie diese.
Man sieht sie nur spanzierengehn
Auf einer gelben Wiese.

Sie haben Rosen angebaut
Wohl auf dem gelben Rasen.
Sie schnobern am Lavendelkraut
Und pflücken's mit den Nasen.

Nie gibt es eine Hungersnot,
Und kein Spazor kann kochen:
Sie brauchen gar kein Abendrot,
Wenn sie sich satt gerochen.

Kommt dort einmal ein Regen vor,
Vielleicht auf einer Kirmes,
Dann heben sie das linke Ohr
Statt eines Regenschirmes.

Und kommt ein harter Winter mal,
Und friert das Eis und prickelt,
Dann gehen sie, statt in einen Schal,
Ins rechte Ohr gewickelt.

So brauchen sie zu darben nicht
Und brauchen nicht zu frieren
Und gehen ledig jeder Pflicht
Spazoren, nein: spazieren.

Einst kam ein Doktor hochgelahrt
Zum Lande der Spazoren.
Sie wünschten ihm vergnügte Fahrt
Und winkten mit den Ohren.

JOHANN FRIEDRICH RIEDERER

Die eheliche Pflicht

Als einst ein alter Herr ein junges Mädchen freite
und ihm sein schwacher Leib nichts Gutes prophezeite,
sprach er zu ihr: Mein Kind, Sie wird sich ja bequemen,
und wird die Ehepflicht quartalsweis von mir nehmen?
Ihr Wiederfragen war, da sie sich kaum bedacht:
Allein wie viel Quartal gibt's denn in einer Nacht?

ADOLF GLASSBRENNER

Zwei Wünsche

Ach, zwei Wünsche wünscht' ich immer
Leider immer noch vergebens.
Und doch sind's die innig-frommsten,
Schönsten meines ganzen Lebens!

Daß ich alle, alle Menschen
Könnt' mit gleicher Lieb' umfassen,
Und daß Ein'ge ich von ihnen
Morgen dürfte hängen lassen.

ANDREAS OKOPENKO

Eheduett

Komm mich nicht erwürgen heute Nacht,
komm mich nicht erwürgen heute Nacht.
Denk der Sommernacht in Abbazia,
denk des Reifenplatzers, cara mia,
da ich dich zu meiner Katz gemacht.

Komm mich nicht erhängen heute Nacht,
komm mich nicht erhängen heute Nacht.
So ein Eheleben hat wohl Längen,
doch man muß sich deshalb nicht erhängen,
oder wenn, dann zärtlich nur und sacht.

Komm mich nicht erstechen heute Nacht,
komm mich nicht erstechen heute Nacht.
Unsre Messer sind schon stumpf geworden,
schleif sie erst, dann kannst du besser morden –
du bist überhaupt oft unbedacht.

Komm mich nicht erschlagen heute Nacht,
komm mich nicht erschlagen heute Nacht.
Triffst du mich beim Schlagen in den Magen,
würde ich bei aller Rücksicht klagen;
denk: wenn dann Frau Swoboda erwacht.

Komm mich nicht verheizen heute Nacht,
komm mich nicht verheizen heute Nacht.
Gerne spielte ich mit deinen Reizen,
damals glühte ich auch ohne Heizen;
und ich mag nicht, wenns im Ofen kracht.

Lass mich nicht verhaften heute Nacht,
lass mich nicht verhaften heute Nacht.
Denn nach Nächten, solchen zauberhaften,
kann ich keinen Polizist verkraften.
Schlaf, mein Liebling. (Ehe ich dich schlacht.)

ALOIS BLUMAUER

Ode auf das Schwein

Heil dir, geborstetes,
Ewig geworstetes,
Dutzend geborenes,
Niemals geschorenes,
Liebliches Schwein.

Dichter begeisterst du,
Eicheln bemeisterst du,
Alles verzehrest du,
Christen ernährest du,
Gütiges Schwein.

Heil dir, drum, ewiges,
Immerfort schäbiges,
Niemals gereinigtes,
Vielfach gebeinigtes,
Liebliches Schwein.

HEINRICH GRÜN

Mount Everest

Stumm und stoisch wie ein Brot
liegt er da im Abendrot.
Nur ein Sherpa spielt die Bratsche,
während ich zum Gipfel latsche.

PETER HACKS

Ladislaus und Komkarlinchen

Es war einmal ein Landsknecht,
Der hatte eine Maus,
Die Maus hieß Komkarlinchen,
Der Landsknecht Ladislaus.

Der Landsknecht liebt das Kämpfen,
Die Beute und die Ehr,
Aber sein Komkarlinchen,
Das liebt er noch viel mehr.

Sie aß von seinem Brote,
Sie schlief in seinem Bart,
Sie wohnt in seiner Tasche
Auf weiter Kriegesfahrt.

Nur wenn in eine Schlacht ging
Der Landsknecht mit der Maus,
Sprang sie ihm aus dem Rock und
Nahm wie der Wind Reißaus.

Da wurd er sehr bekümmert
Und lief ihr hinterher
Die Kreuz und auch die Quere
Durchs ganze römische Heer.

Und weil sie lief nach hinten
Und niemals lief nach vorn,
Ging ohne ihn die Schlacht halt
Gewonnen und verlorn.

Der Krieg wurd immer älter,
Der Krieg wurd dreißig Jahr,
Älter als mancher Landsknecht
Alt geworden war.

Und die das Kämpfen liebten,
Die Beute und die Ehr,
Die lagen schon begraben
In Sachsen und am Meer.

Jedoch aus allen Wettern
Kam heilen Leibs heraus
Dank seinem Komkarlinchen
Der Landsknecht Ladislaus.

FRIEDRICH STOLTZE

Die Wacht am Rhein

Die Wacht am Rhei, – merr hat kää Ruh,
Merr heert se alsfort brille.
Merr wisse's ja, zum Deiwel zu,
Un ääch um Gotteswille.

Heint Nacht um Zwelf ehrscht schlaf ich ei,
Da stolpern Zwää voriwwer
Un brille laut die Wacht am Rhei,
So daß ich uffwach driwwer.

Ich haww' en ääch mein Dank gezollt:
„Ihr Männer ihr, ihr brave!
Wacht ihr am Rhei, so viel derr wollt,
In Frankfort laßt mich *schlafe*!"

GÜNTER BRUNO FUCHS

Unterwegs

Der Mann mit dem Hund im Regen.
Der Hund bewacht einen durstigen Mann.
Der Hund sieht sich den Regen an.
Der Mann spricht mit dem Regen.

Der Mann bleibt stehn und hört aufs Wort.
Der Hund geht durch den Regen fort.

LORIOT

Advent

Es blaut die Nacht, die Sternlein blinken,
Schneeflöcklein leis herniedersinken.
Auf Edeltännleins grünem Wipfel
häuft sich ein kleiner weißer Zipfel.
Und dort vom Fenster her durchbricht
den dunklen Tann ein warmes Licht.
Im Forsthaus kniet bei Kerzenschimmer
die Försterin im Herrenzimmer.
In dieser wunderschönen Nacht
hat sie den Förster umgebracht.
Er war ihr bei des Heimes Pflege
seit langer Zeit schon sehr im Wege.
So kam sie mit sich überein:
am Niklasabend muß es sein.
Und als das Rehlein ging zur Ruh',
das Häslein tat die Augen zu,
erlegte sie direkt von vorn
den Gatten über Kimm und Korn.
Vom Knall geweckt rümpft nur der Hase
zwei- drei- viermal die Schnuppernase
und ruhet weiter süß im Dunkeln,
derweil die Sternlein traulich funkeln.
Und in der guten Stube drinnen
da läuft des Försters Blut von hinnen.
Nun muß die Försterin sich eilen,
den Gatten sauber zu zerteilen.
Schnell hat sie ihn bis auf die Knochen

nach Waidmanns Sitte aufgebrochen.
Voll Sorgfalt legt sie Glied auf Glied
(was der Gemahl bisher vermied) –
behält ein Teil Filet zurück
als festtägliches Bratenstück
und packt zum Schluß, es geht auf vier,
die Reste in Geschenkpapier.
Da tönt's von fern wie Silberschellen,
im Dorfe hört man Hundebellen.
Wer ist's, der in so tiefer Nacht
im Schnee noch seine Runden macht?
Knecht Ruprecht kommt mit goldnem Schlitten
auf einem Hirsch herangeritten!
„He, gute Frau, habt ihr noch Sachen,
die armen Menschen Freude machen?"
Des Försters Haus ist tief verschneit,
doch seine Frau steht schon bereit:
„Die sechs Pakete, heil'ger Mann,
's ist alles, was ich geben kann."
Die Silberschellen klingen leise,
Knecht Ruprecht macht sich auf die Reise.
Im Försterhaus die Kerze brennt,
ein Sternlein blinkt – es ist Advent.

CHRISTIAN HOFMANN VON HOFMANNSWALDAU

Als die Venus neulich saße

Als die Venus neulich saße
  In dem Bade nackt und bloß
  Und Cupido auf dem Schoß
Von dem Liebeszucker aße,
Zeigte sie dem kleinen Knaben
Alles, was die Frauen haben.

Marmelhügel sah er liegen,
  Von Begierden aufgebaut;
  Sprach zur Mutter überlaut:
Wann werd ich dergleichen kriegen,
Daß mich auch die Schäferinnen
Und die Damen liebgewinnen?

Venus lacht aus vollem Munde
  Über ihren kleinen Sohn,
  Denn sie sah und merkte schon,
Daß er was davon verstunde.
Sprach: Du hast wohl andre Sachen,
Die verliebter können machen.

Unterdessen ließ sie spielen
  Seine Hand auf ihrer Brust,
  Denn sie merkte, daß er Lust
Hatte, weiter nachzufühlen,
Bis ihr endlich dieser Kleine
Kam an ihre zarten Beine.

Als er sich an sie geschmieget,
   Sprach er: Liebes Mütterlein,
   Wer hat an das dicke Bein
Euch die Wunde zugefüget?
Müßt ihr Weiber denn auf Erden
Alle so verwundet werden?

Venus konnte nichts mehr sagen
   Als: Du kleiner Bösewicht,
   Packe dich, du sollst noch nicht
Nach dergleichen Sachen fragen.
Wunden, die von Liebespfeilen
Kommen, die sind nicht zu heilen.

EDWIN BORMANN

Der alte Marabu

(Eine dunkle Geschichte)

Im Schneegebirge Hindukuh
Da sitzt ein alter Marabu
Auf einem Fels von Nagelfluh
Und drückt das rechte Auge zu.

Weshalb wohl, fragst du, Leser, nu,
Weshalb wohl sitzt der Marabu
Im Schneegebirge Hindukuh
Auf einem Fels von Nagelfluh
Und drückt das rechte Auge zu?

Hab' Dank, o lieber Leser du,
Für dein Int'reß' am Marabu!
Allein weshalb im Hindukuh
Er drückt das rechte Auge zu
Auf einem Fels von Nagelfluh –
Weiß ich so wenig als wie du!

LUDWIG THOMA

Der Ausflug

Anton Huber ging mit der Familie,
Mutter, Tochter und ein Hund dabei,
aus der Stadt hinaus in die Umgebung,
wo es bei der Hitze kühler sei.

Manchmal blieb der gute Vater stehen,
und er zeigte den und jenen Punkt.
Hinter ihnen ging auf zwanzig Schritte
Jakob Niedermayer, Postadjunkt.

Frau und Tochter hatten ihn gesehen
mit dem ganzen Scharfblick des Geschlechts;
sie begannen mit dem Aug zu blinzeln,
Jakob Niedermayer ging nach rechts.

Beide Damen fingen an zu husten,
und die Tochter ging zum nahen Wald.
„Wally!" rief die Mutter, „liebe Wally,
pflücke Blumen, aber komme bald!"

Und sie kam nach einer guten Weile,
fröhlich lächelnd als wie neu gestärkt;
gütig hieß die Mutter sie willkommen,
Anton Huber hatte nichts gemerkt.

Später sah er zornigen Gemütes
Tannennadeln in der Tochter Haar.
Doch die Mutter sagte ohne weiteres:
„Wenn der Mensch nur ein Beamter war!"

JAMES KRÜSS

Die sonderbare Stadt Tempone

Kennt ihr schon die Stadt Tempone,
Wo Prinz Rückwärts residiert?
Es ist seltsam und erstaunlich,
Was tagtäglich dort passiert!

Jeden Abend geht die Sonne
Ganz genau im Norden auf.
Und der Mond beginnt im Süden
Und am Morgen seinen Lauf.

Nachts holt man sich dort zum Frühstück
Frische Semmeln aus dem Mund,
Legt sie fein auf einen Teller,
Und dann gibt man sie dem Hund.

Bücher liest man dort vom Ende
Bis zum Anfang mit Genuß.
Und dann bringt man sie dem Händler,
Der das Buch bezahlen muß.

Mit dem Auto fährt man rückwärts.
Wenn man das Benzin vergißt,
Tut man recht, denn man muß tanken,
Wenn die Fahrt zu Ende ist.

Bäume fallen dort vom Himmel
Bei besonders starkem Wind.
Und sie werden immer kleiner,
Bis sie nur noch Samen sind.

Beim Gewitter springen Blitze
Von der Erde in die Höh.
Und bei Regen ziehn die Wolken
Dicke Tropfen aus dem See.

Kinder, die geboren werden,
Sind gewöhnlich siebzig Jahr,
Haben schlechte, braune Zähne
Und natürlich graues Haar.

Solche Kinder können rechnen,
Schreiben, lesen und noch mehr,
Und am Herd fällt diesen Kindern
Auch das Kochen gar nicht schwer.

Doch sie werden täglich jünger:
Sechzig, fünfzig, vierzig Jahr!
So verlernen sie allmählich
All ihr Können ganz und gar.

Auch ein Schulhaus soll es geben.
Das ist seltsam wie sonst keins.
Für die größten Albernheiten
Kriegt ein Kind dort eine Eins.

Kürzlich sprach ich mit dem Sohne
Eines alten Stadtgeschlechts.
Danach liegt die Stadt Tempone
Hinterm Monde – ziemlich rechts.

GÜNTER BRUNO FUCHS

Nationalhymne der deutschen Kirchenmaus

Ich bin Rhein.
Mein Herz
kann Latein.
Soll kein Kätzchen
drin wohnen
als der
Herr Bischof
allein.
Fiep.

FRIEDRICH VON LOGAU

Die gute Diät

Charlotte hatte ihrem Arzt gesagt,
Daß ihr das Liebeswerk des Morgens sehr behagt,
Allein gesünder sei's, des Abends sich zu pflegen.
Nun will sie aber mit Bedacht
Es täglich zweimal tun,
Des Morgens, weil's Vergnügen macht,
Des Abends der Gesundheit wegen.

HEINZ ERHARDT

Ganz zuletzt

O wär ich
der Kästner Erich!
Auch wäre ich gern
Christian Morgenstern!
Und hätte ich nur *einen* Satz
vom Ringelnatz!
Doch nichts davon! – Zu aller Not
hab ich auch nichts von Busch und Roth!
Drum bleib ich, wenn es mir auch schwer ward,
nur der Heinz Erhardt …

LETZTE LACHER MIT FREUND HEIN

JOSEPH VON EICHENDORFF

Memento mori

Schnapp Austern, Dukaten,
Mußt dennoch sterben!
Dann tafeln die Maden
Und lachen die Erben.

WILHELM BUSCH

Wirklich, er war unentbehrlich!

Wirklich, er war unentbehrlich!
    Überall, wo was geschah
Zu dem Wohle der Gemeinde,
    Er war tätig, er war da.

Schützenfest, Kasinobälle,
    Pferderennen, Preisgericht,
Liedertafel, Spritzenprobe,
    Ohne ihn, da ging es nicht.

Ohne ihn war nichts zu machen,
    Keine Stunde hatt' er frei.
Gestern, als sie ihn begruben,
    War er richtig auch dabei.

HEINRICH HEINE

Rückschau

Ich habe gerochen alle Gerüche
In dieser holden Erdenküche;
Was man genießen kann in der Welt,
Das hab ich genossen wie je ein Held!
Hab Kaffee getrunken, hab Kuchen gegessen,
Hab manche schöne Puppe besessen;
Trug seidne Westen, den feinsten Frack,
Mir klingelten auch Dukaten im Sack.
Wie Gellert ritt ich auf hohem Roß;
Ich hatte ein Haus, ich hatte ein Schloß.
Ich lag auf der grünen Wiese des Glücks,
Die Sonne grüßte goldigsten Blicks;
Ein Lorbeerkranz umschloß die Stirn,
Er duftete Träume mir ins Gehirn,
Träume von Rosen und ewigem Mai –
Es war mir so selig zu Sinne dabei,
So dämmersüchtig, so sterbefaul –
Mir flogen gebratne Tauben ins Maul,
Und Englein kamen, und aus den Taschen
Sie zogen hervor Champagnerflaschen –
Das waren Visionen, Seifenblasen –
Sie platzten – Jetzt lieg ich auf feuchtem Rasen,
Die Glieder sind mir rheumatisch gelähmt,
Und meine Seele ist tief beschämt.
Ach, jede Lust, ach, jeden Genuß
Hab ich erkauft durch herben Verdruß;
Ich ward getränkt mit Bitternissen

Und grausam von den Wanzen gebissen;
Ich ward bedrängt von schwarzen Sorgen,
Ich mußte lügen, ich mußte borgen
Bei reichen Buben und alten Vetteln –
Ich glaube sogar, ich mußte betteln.
Jetzt bin ich müd vom Rennen und Laufen,
Jetzt will ich mich im Grabe verschnaufen.
Lebt wohl! Dort oben, ihr christlichen Brüder,
Ja, das versteht sich, dort sehn wir uns wieder.

GOTTHOLD EPHRAIM LESSING

Auf den Tod eines Affen

Hier liegt er nun, der kleine, liebe Pavian,
Der uns so manches nachgetan!
Ich wette, was er itzt getan,
Tun wir ihm alle nach, dem lieben Pavian.

F. W. BERNSTEIN

Unwiderstehlich

Zwanzig Stückchen Käsebrot,
einunddreißig Veilchen
biet ich Dir, Gevatter Tod.
Verschon mich noch ein Weilchen!

OTTO JULIUS BIERBAUM

Freundesbrief an einen Melancholischen

Du klagst, mein Freund, und jammerst sehr,
Wie elend dieses Leben wär;
Es sei nicht auszuhalten. –
Was klagst du denn? Es ist dein Recht,
Bist du ein müd und fauler Knecht,
Dich gänzlich auszuschalten.
Kauf dir, o Freund, ein Pistolet
Und schieß dich tot, – hurra, juchhe!
Dann bist du gleich gestorben.

Doch macht des Pulvers Knallgetös
Dich, weil nervös du bist, nervös,
Brauchst du nicht zu verzagen.
Ich weiß ein Mittel ohne Knall,
Geräuschlos, prompt; für jeden Fall
Will ich dirs hiermit sagen:
O speise, Freundchen, Strychenin!
Das wird dich in den Himmel ziehn.
Dort geigst du mit den Engeln.

Falls aber, weil du heikel bist,
Strychnin dir unsympathisch ist
(Es schmeckt ein bißchen fade),
So brauchst du nicht gleich bös zu sein;
Mir fällt schon etwas andres ein:
Geh auf die Promenade
Und hänge dich an einen Ast.

Sobald du ausgezappelt hast,
Hängst du für ewig stille.

Wie? Kitzlig bist du an dem Hals?
Wohl, mein Geliebter! Diesesfalls
Gilt anderes Gebaren:
Spring in den Fluß, stürz dich vom Turm,
Laß dich gleich einem Regenwurm
Elektrisch überfahren.
Auch ist ein ziemlich sicherer Tod
Der durch komplette Atemnot
Infolge Ofengasen.

Du schüttelst immer noch den Kopf?
Ei, du verruchter Sauertopf,
Geh hin, dich zu purgieren!
Mach dir Bewegung, fauler Bauch,
So wird die liebe Seele auch
Vergnügt im Sein spazieren.
Ein wackres Wort heißt: resolut!
Hast du zum Sterben nicht den Mut,
So lebe mit Courage!

WILHELM RAABE

Einst kommt die Stunde

Einst kommt die Stunde – denkt nicht, sie sei ferne –,
Da fallen vom Himmel die goldenen Sterne,
Da wird gefegt das alte Haus,
Da wird gekehrt der Plunder aus.
Der liebe, der alte, vertraute Plunder,
Viel tausend Geschlechter Zeichen und Wunder:
Was sie sahen im Wachen, was sie spannen im Traum,
Die Mutter, das Kind, die Zeit und der Raum!
Kein Spinnweb wird im Winkel vergessen,
Was der Körper hielt, was der Geist besessen,
Was das Herz gefühlt, was der Magen verdaut:
Und *Tod* heißt der Bräutigam, *Nichts* heißt die Braut!

Wie schade wird das sein! Dann kehrt man dort
Den guten Kanzleirat weg und seinen Stuhl,
Auf dem er fünfzig Jahr lang kalkulierte.
Vergeblich wartet mit der Suppe seine Alte,
Nicht lange doch; denn plötzlich füllt ein mächt'ges
Gestäub die Gasse, dringt in Tür und Fenster –
Der Kehrichtstaub des Weltenuntergangs.
Sehr drollig wird das sein für den, der da zuletzt lacht,
Sieht er im Wirbel fliegen, was ihn quälte,
Bis selber ihn der letzte Kehraus faßt.

KURT TUCHOLSKY

Letzte Fahrt

An meinem Todestag – ich werd ihn nicht erleben –
da soll es mittags Rote Grütze geben,
mit einer fetten, weißen Sahneschicht …
Von wegen: Leibgericht.

Mein Kind, der Ludolf, bohrt sich kleine Dinger
aus seiner Nase – niemand haut ihm auf die Finger.
Er strahlt, als einziger im Trauerhaus.
Und ich liege da und denke: „Ach, polk dich aus!"

Dann tragen Männer mich vors Haus hinunter.
Nun faßt der Karlchen die Blondine unter,
die mir zuletzt noch dies und jenes lieh …
Sie findet: Trauer kleidet sie.

Der Zug ruckt an. Und alle Damen,
die jemals, wenn was fehlte, zu mir kamen:
vollzählig sind sie heut noch einmal da …
Und vorne rollt Papa.

Da fährt die erste, die ich damals ohne
die leiseste Erfahrung küßte – die Matrone
sitzt schlicht im Fond, mit kleinem Trauerhut.
Altmodisch war sie – aber sie war gut.

Und Lotte! Lottchen mit dem kleinen Jungen!
Briefträger jetzt! Wie ist mir der gelungen?
Ich sah ihn nie. Doch wo er immer schritt:
mein Postscheck ging durch sechzehn Jahre mit.

Auf rotem samtnen Kissen, im Spaliere,
da tragen feierlich zwei Reichswehroffiziere
die Orden durch die ganze Stadt,
die mir mein Kaiser einst verliehen hat.

Und hinterm Sarg mit seinen Silberputten,
da schreiten zwoundzwanzig Nutten –
sie schluchzen innig und mit viel System.
Ich war zuletzt als Kunde sehr bequem.

Das Ganze halt! Jetzt wird es dionysisch!
Nun singt ein Chor: Ich lächle metaphysisch.
Wie wird die schwarzgestrichne Kiste groß!
Ich schweige tief.
        Und bin mich endlich los.

HEINRICH HEINE

Leib und Seele

Die arme Seele spricht zum Leibe:
„Ich laß nicht ab von dir, ich bleibe
Bei dir – ich will mit dir versinken
In Tod und Nacht, Vernichtung trinken!
Du warst ja stets mein zweites Ich,
Das liebevoll umschlungen mich,
Als wie ein Festkleid von Satin,
Gefüttert weich mit Hermelin –
Weh mir! jetzt soll ich gleichsam nackt,
Ganz ohne Körper, ganz abstrakt,
Hinlungern als ein sel'ges Nichts
Dort oben in dem Reich des Lichts,
In jenen kalten Himmelshallen,
Wo schweigend die Ewigkeiten wallen
Und mich angähnen – sie klappern dabei
Langweilig mit ihren Pantoffeln von Blei.
Oh, das ist grauenhaft; o bleib,
Bleib bei mir, du geliebter Leib!"

Der Leib zur armen Seele spricht:
„O tröste dich und gräm dich nicht!
Ertragen müssen wir in Frieden,
Was uns vom Schicksal ward beschieden.
Ich war der Lampe Docht, ich muß
Verbrennen, du, der Spiritus,
Wirst droben auserlesen sein,
Zu leuchten als ein Sternelein

Vom reinsten Glanz – ich bin nur Plunder,
Materie nur, wie morscher Zunder,
Zusammensinkend, und ich werde,
Was ich gewesen, eitel Erde.
Nun lebe wohl und tröste dich!
Vielleicht auch amüsiert man sich
Im Himmel besser, als du meinst.
Siehst du den großen Bären einst
(Nicht Meyer-Bär) im Sternensaal,
Grüß ihn von mir viel tausendmal!"

JOHANN MICHAEL MOSCHEROSCH

Grabschrift

Hier lieg ich Hanß Schlickebrod
und bitt dich lieber Herre Gott,
Das ewig Leben wollst geben mir:
Wie ich wollt haben geben dir,
Wann du wärest Hanß Schlickebrod
Und ich wär lieber Herre Gott.

ERNST JANDL

sommerlied

wir sind die menschen auf den wiesen
bald sind wir menschen unter den wiesen
und werden wiesen, und werden wald
das wird ein heiterer landaufenthalt

Autoren- und Quellenverzeichnis

Artmann, H[ans]. C[arl]., österreichischer Dichter (1921–2000)
batman und robin / auf dem berge ararat. In: H.C. Artmann: ein
lilienweißer brief aus lincolnshire. gedichte aus 21 jahren. Suhr-
kamp Verlag. Frankfurt am Main 1969
ein django der muß haben. In: H.C. Artmann: Das poetische
Werk in 10 Bänden. Hg.von Klaus Reichert. Verlag Klaus G. Ren-
ner. München/Salzburg 1993–1994. © Jung & Jung Verlag. Wien
und Salzburg.

Ball, Hugo, deutscher Schriftsteller (1886–1927)
Karawane. In: Hugo Ball: Gesammelte Gedichte. Hg. von Anne-
marie Schutt-Hennings. Verlag der Arche. Zürich 1963.

Bernstein, F.W. (Fritz Weigle), deutscher Dichter und Schriftsteller,
Zeichner, Cartoonist und Illustrator (geb. 1938)
*Aus dem Schatzkästlein des schweinischen Hausfreundes / Gruß-
wort / Horch – ein Schrank / Die Auskunft / Wallensteins Ende /
Warnung an alle / Unwiderstehlich.* In: F.W. Bernstein: Luscht
und Geist. Fischer Taschenbuch Verlag. Frankfurt am Main 2007.

Bierbaum, Otto Julius, deutscher Schriftsteller (1865–1910)
Freundesbrief an einen Melancholischen. In: Otto Julius Bier-
baum: Irrgarten der Liebe. Verlag Insel bei Schuster & Loeffler.
Leipzig 1911.

Blumauer, Alois, deutscher Schriftsteller (1755–1798)
Ode auf das Schwein. In: Alois Blumauer: Gedichte. 2 Bände.
1782–1787

Bodenstedt, Friedrich von, deutscher Schriftsteller (1819–1892)
Das Lied von der Nase. Aus: Deutscher Musen-Almanach, 1853.

Bormann, Edwin, deutscher Schriftsteller (1851–1912)
Der alte Marabu. Aus: Fliegende Blätter, München, Bd. 84, Nr. 2112.

Brecht, Bertolt, deutscher Schriftsteller, Theatertheoretiker und -praktiker (1898–1956)
Alfabet. Aus: Die Gedichte von Bertolt Brecht in einem Band. Suhrkamp Verlag. Frankfurt am Main 1981.

Busch, Wilhelm, deutscher Dichter und Zeichner (1832–1908)
Gemartert / Der Begleiter / Zu zweit / Pfannkuchen und Salat / Sie stritten sich beim Wein herum / Er stand vor eines Hauses Tor / Der Kobold / Mein Freund an einem Sonntagmorgen / Die erste alte Tante sprach / Wenn alles sitzen bliebe / Wirklich, er war unentbehrlich! In: Wilhelm Busch: Gedichte (Kritik des Herzens / Zu guter Letzt). Rowohlt Verlag. rororo Taschenbuchausgabe. Reinbek bei Hamburg 1957.
Fink und Frosch / Es sitzt ein Vogel auf dem Leim / Das Glöcklein im Walde / Mein Lebenslauf / Dilemma. In: Wilhelm Busch: Sämtliche Werke II. Was beliebt ist auch erlaubt. Hg. von Rolf Hochhuth. C. Bertelsmann Verlag. München 1982.

Claudius, Matthias, deutscher Dichter (1740–1815)
Der Esel / Urians Reise um die Welt mit Anmerkungen. In: Matthias Claudius: Sämtliche Werke. Winkler Verlag. München 1968.

Droste, Wiglaf, deutscher Schriftsteller (geb. 1961)
Drei Birkengedichte. In: Wiglaf Droste: Kommunikaze. Edition Nautilus. Hamburg 1998.
Musse feife in Wind. S. Henschel, Gerhard.

Eichendorff, Joseph von, deutscher Dichter (1788–1857)
Memento mori. In: Joseph von Eichendorff: Werke in 6 Bänden. Band 1: Gedichte, Versepen. Hg. von Hartwig Schulte. Deutscher Klassiker Verlag. Frankfurt am Main 1987.

270

Endler, Adolf, deutscher Schriftsteller (1930–2009)
Gedenken an zwei Stammgäste. In: Adolf Endler: Der Pudding
der Apokalypse. Gedichte 1963–1998. Suhrkamp Verlag. Frank-
furt am Main 1999.

Erhardt, Heinz, deutscher Humorist (1909–1979)
Der König Erl. In: Heinz Erhardt: Noch 'n Gedicht. LappanVer-
lag. Oldenburg 2009.
Ganz zuletzt. Aus: Das große Heinz Erhardt Buch. Fackelträger
Verlag. Hannover 1970. © Lappan Verlag. Oldenburg 2000.

Fontane, Theodor, deutscher Schriftsteller (1819–1898)
Leberreime. In: Theodor Fontane: Sämtliche Werke. Band 12:
Wanderungen durch die Mark Brandenburg. Band 4: Spreeland.
Nymphenburger Verlagshandlung. München 1960.

Fuchs, Günter Bruno, deutscher Schriftsteller und Grafiker (1928–
1977)
Unterwegs / Nationalhymne der deutschen Kirchenmaus. In:
Günter Bruno Fuchs: Werke in drei Bänden. Hg. von Wilfried
Ihrig. Band 2: Gedichte und kleine Prosa. Carl Hanser Verlag.
München/Wien 1992.

Gellert, Christian Fürchtegott, deutscher Schriftsteller (1715–1769)
Der Selbstmord. In: Christian Fürchtegott Gellert: Werke. Hg.
von Gottfried Honnefelder. 1. Band. Insel Verlag. Frankfurt am
Main 1979.

Gernhardt, Robert, deutscher Dichter und Schriftsteller, Zeichner,
St. Heine. Aus: ders., gesammelte gedichte 1954-2006. © S. Fi-
scher Verlag GmbH. Frankfurt am Main 2008. S. 635.
Cartoonist und Maler (1937–2006)
*Weil's so schön war / Herr und Knecht / Auf der Fahrt von Ringel
nach Natz notiert / Das Gleichnis / Zoo-Impressionen / Bilden Sie
mal einen Satz mit … / St. Heine / Folgen der Trunksucht / Deu-
tung eines allegorischen Gemäldes.* In: Robert Gernhardt: Gesam-
melte Gedichte 1954–2006. S. Fischer Verlag. Frankfurt am Main
2008.

Glaßbrenner, Adolf, deutscher Schriftsteller (1810–1876)
Zwei Wünsche. In: Adolf Glaßbrenner: Der politisierende Ecken-
steher. Auswahl und Nachwort von Jost Hermand. Verlag Phi-
lipp Reclam jun. Stuttgart 1969.

Gleim, Johann Wilhelm Ludwig, deutscher Dichter (1719–1803)
Lauter Hirsche. In: Johann Wilhelm Ludwig Gleim: Versuch in
scherzhaften Liedern und Lieder. Hg.von Alfred Anger. Max Nie-
mayer Verlag. Tübingen 1964.

Goethe, Johann Wolfgang von, deutscher Dichter (1749–1832)
*Der Rezensent / Meine Wahl / Beruf des Storches / Freuden des
jungen Werthers.* Aus: Johann Wolfgang von Goethe: Gedichte
in zeitlicher Folge. Hg. von Heinz Nicolai. Insel Verlag. Wiesba-
den 1958.

Grün, Heinrich, deutscher Publizist und Herausgeber (geb. 1972)
Rösser im Mondlicht / Mount Everest. Originalbeiträge. © by
Heinrich Grün, Frankfurt am Main 2014.

Gsella, Thomas, deutscher Dichter und Satiriker (geb. 1958)
*Gehälter im Fußball zu hoch! / Der Pilot – Der Hausmeister – Der
Bauer.* In: Thomas Gsella: Nennt mich Gott. Fischer Taschen-
buch Verlag. Frankfurt am Main 2008.

Hacks, Peter, deutscher Dramatiker, Lyriker, Essayist, Kinderbuch-
autor (1928–2003)
*Der Monarch / Lebensbeschreibung der morschen Eiche Hulda,
von ihr selbst / Nachricht vom Leben der Spazoren / Ladislaus und
Komkarlinchen.* In: Peter Hacks: Der Flohmarkt. Benziger Ver-
lag. Zürich/Köln 1973.

Heine, Heinrich, deutscher Dichter (1797–1856)
*Der tugendhafte Hund / Das Hohelied / Mythologie / Erleuch-
tung / Die Wahlesel / Das Fräulein stand am Meere / O König!
Ich meine es gut mit dir! / Ich rief den Teufel, und er kam / Di-
ana / Rückschau / Leib und Seele.* Aus: Heinrich Heine: Werke
in einem Band. Verlag Das Bergland-Buch. Salzburg/Stuttgart
o. J.

Henschel, Gerhard, deutscher Schriftsteller (geb. 1962)
Musse feife in Wind (zusammen mit Wiglaf Droste und Kathrin Passig). In: Gerhard Henschel: Das Blöken der Lämmer. Die Linke und der Kitsch. Edition Tiamat. Verlag Klaus Bittermann. Berlin 1994.

Hessel, Franz, deutscher Schriftsteller, Übersetzer und Lektor (1880–1941)
Bekenntnis einer Chansonette. Aus: Franz Hessel: Sämtliche Werke. Hg. von Hartmut Vollmer und Bernd Witte. Band 4: Lyrik und Dramatik. Igel Verlag. Oldenburg 1999.

Hofmann von Hofmannswaldau, Christian, deutscher Dichter (1617–1679)
Als die Venus neulich saße. Aus: Christian Hofmann von Hofmannswaldau: Deutsche Übersetzungen und Gedichte. Breslau 1679–1682.

Holz, Arno, deutscher Schriftsteller (1863–1929)
Er durchhechelt auch die Weibrichins. In: Arno Holz: Dafnis. Aus: Werke. Band 5. Luchterhand Verlag. Neuwied/Berlin-Spandau 1962.

Jandl, Ernst, österreichischer Dichter (1925–2000)
zweierlei handzeichen / fünfter sein / lichtung / ottos mops / Sommerlied. Aus: poetische Werke: hrsg. von Klaus Siblewski. © 1997 Luchterhand Literaturverlag, München, in der Verlagsgruppe Random House GmbH.

Janssen, Horst, deutscher Zeichner und Grafiker (1929–1995)
Caspar David. Aus: Hundert Köpfe. Verlag St. Gertrude. Hamburg 1997.

Kaléko, Mascha, deutschsprachige Dichterin (1907–1975)
Hippopotamus am Kärntnerring. Aus: Mascha Kaléko: Die paar leuchtenden Jahre. © 2003 Deutscher Taschenbuch Verlag, München.

Kästner, Erich, deutscher Schriftsteller (1899–1974)
Nachtgesang eines Kammervirtuosen / Bürger, schont eure Anla-

gen / *Der Handstand auf der Loreley.* Aus: Kästner für Erwachsene. Hg. von Rudolf Walter Leonhardt. Atrium Verlag. Zürich 1966.

Kempner, Friederike, deutsche Dichterin (1836–1904)

Faust / Indisches / Falls / Ihr wißt schon! / Die nicht / Mit südlichem Gefühl / Die Poesie hat immer Recht! / Unsereins / Das schaut so grün / Es ringt / Der Totenwurm / Unverstanden / Schweiß / Warum also nicht? / Der der, das das, die die / Also doch …? / Von den Sternen fiel ich nieder. Aus: Gerhart H. Mostar: Friederike Kempner, der schlesische Schwan. Deutscher Taschenbuch Verlag. München 1965.

Klabund (Alfred Henschke), deutscher Schriftsteller (1890–1928), s. Li Bai

Kortmann, Erhard, deutscher Autor, Herausgeber, Redakteur (geb. 1927)

Hackfleisch aus Backsten / Ein humaner Henker aus Kahl. Aus: Die besten Limericks der Zeit. Gesammelt und ausgewählt von Erhard Kortmann. Christian Wegner Verlag. Hamburg 1969.

Kriegel, Volker, deutscher Jazzgitarrist, Zeichner, Komponist, Schriftsteller (1943–2003)

Tierischer Drogenmißbrauch. In: Volker Kriegel: Künstler, Kracher & Konsorten. Haffmans Verlag. Zürich 1992.

Krüss, James, deutscher Dichter und Schriftsteller (1926–1997)

Das Königreich von Nirgendwo / Die sonderbare Stadt Tempone. In: James Krüss: Der wohltemperierte Leierkasten. 12 mal 12 Gedichte für Kinder und Erwachsene und andere Leute. Mit einem Nachwort von Erich Kästner. Verlag C. Bertelsmann. München 1989.

Lessing, Gotthold Ephraim, deutscher Dichter (1729–1781)

Auf einen gewissen Leichenredner / Der über uns / Auf den Tod eines Affen. In: Gotthold Ephraim Lessing: Werke in 8 Bänden. Band 1. Hg. von Herbert G. Göpfert. Carl Hanser Verlag. München 1970.

Li Bai (auch Li Po, Li Tai-bo, Li-tai-pe), chinesischer Dichter (ca. 701–762)

Auf der Wiese / Blick in den Spiegel. Aus: Klabund/Li Bai: Chinesische Gedichte. Nachdichtungen von Klabund. Phaidon-Verlag. Wien o. J.

Lingg, Hermann, deutscher Dichter (1820–1905)

Das Krokodil zu Singapur. In: Hermann Lingg: Ausgewählte Gedichte. Hg. von Paul Heyse. J.G. Cotta'sche Buchhandlung Nachfolger. Stuttgart 1905.

Logau, Friedrich von, deutscher Epigrammatiker (1604–1655)

Die gute Diät. In: Friedrich von Logau: Sinngedichte. Aufs neue überarbeitet, mit drei Büchern und einer Zugabe vermehrt und mit Anmerkungen begleitet von W.C. Ramler. Leipzig 1791.

Loriot (Vicco von Bülow), deutscher Schriftsteller, Humorist, Zeichner, Regisseur, Schauspieler (1923–2011)

Advent. Aus: Loriots Heile Welt. Diogenes Verlag. Zürich 1983.

Morgenstern, Christian, deutscher Dichter (1871–1914)

Das Nasobēm / Der Werwolf / Geiß und Schleiche / Das Gebet / Der Gaul / Das Mondschaf / Möwenlied / Das Hemmed / Gruselett / Vice versa / Die zwei Wurzeln. In: Christian Morgenstern: Alle Galgenlieder. Büchergilde Gutenberg. Frankfurt am Main/ Olten/Wien 1984.

Liebeserklärung des Raben Ralf an die Räbin Louise Broxak / Gespräch einer Hausschnecke mit sich selbst. Aus: Christian Morgenstern: Werke und Briefe. Kommentierte Ausgabe, hg. von Maurice Cureau. Band 3: Humoristische Lyrik. Verlag Urachhaus. Stuttgart 1990.

Mörike, Eduard, deutscher Dichter (1804–1875)

Alles mit Maß / Nach einer schläfrigen Vorlesung von „Romeo und Julia" / Restauration nach Durchlesung eines Manuskripts mit Gedichten / Auf ein Ei geschrieben. In: Eduard Mörike: Gedichte. Mit einem Nachwort von Hermann Lenz. J.G. Cotta'sche Buchhandlung Nachfolger GmbH. Stuttgart 1982.

Moscherosch, Johann Michael, deutscher Satiriker und Epigrammatiker (1601–1669)

Grabschrift. In: Johann Michael Moscherosch: Visiones de Don Quevedo. Wunderliche und Warhafftige Gesichte Philanders von Sittewalt. Straßburg 1640–1677.

Mühsam, Erich, deutscher Schriftsteller und Publizist (1878–1934)

Die Ahnung. In: Erich Mühsam: Gedichte. Hg. von Günther Emig. Verlag europäische ideen. Berlin 1983.

Futuristischer Schleifenschüttelreim. Aus: Marginalien. Zeitschrift für Buchkunst und Bibliophilie. Heft 120, Seite 19. Hg.: Pirckheimer Gesellschaft, Berlin und Institut für Buchwissenschaft, Erlangen. Harrassowitz Verlag. Wiesbaden 1991/92.

Schüttelreim. Aus: Alles Unsinn. Deutsche Ulk- und Scherzdichtung von ehedem bis momentan. Gesammelt und herausgegeben von Heinz Seydel. Eulenspiegel Verlag. Berlin 1974.

Okopenko, Andreas, österreichischer Schriftsteller (1930–2010)

Wiegenlied, falls die Mongolen kommen / Kinderjause / Mädchenlied / Eheduett. In: Andreas Okopenko: Warum sind die Latrinen so traurig? Spleengesänge. Residenz Verlag. Salzburg 1969.

Passig, Kathrin, deutsche Autorin und Übersetzerin, Mitbegründerin der „Zentrale Intelligenz Agentur" (geb. 1970)

Musse feife in Wind. S. Henschel, Gerhard

Riederer, Johann Friedrich, deutscher Schriftsteller (1678–1743)

Die eheliche Pflicht. In: Johann Friedrich Riederer: Abentheuerliche Welt in einer Pickelherings-Kappe oder Satyrische Gedichte. 1718.

Ringelnatz, Joachim, deutscher Dichter, Kabarettist, Maler (1883–1934)

Die neuen Fernen / Am Barren / Bumerang / Mein Riechtwiech / Das Lied von der Hochseekuh / Liedchen / Fußball (nebst Abart und Ausartung) / Aus meiner Kinderzeit / Die Krähe / Freiübungen / Frucht-Zucht-Frucht / Die Ameisen / Kindergebetchen. In:

Joachim Ringelnatz: Und auf einmal steht es neben dir. Gesammelte Gedichte. Karl H. Henssel Verlag. Berlin 1950.

Raabe, Wilhelm, deutscher Schriftsteller (1831–1910)
Einst kommt die Stunde. In: Wilhelm Raabe: Sämtliche Werke. Band 16. Hg. von Karl Hoppe. Göttingen 1961.

Rückert, Friedrich, deutscher Dichter und Übersetzer (1788–1866)
Grammatische Deutschheit. Aus: Rückert-Nachlese. Sammlung der zerstreuten Gedichte und Übersetzungen Friedrich Rückerts. Hg. von Leopold Hirschberg. Band 1. Gesellschaft der Bibliophilen. Weimar 1910.

Rühm, Gerhard, österreichischer Schriftsteller, Komponist, bildender Künstler (geb. 1930)
naturgedicht: und im winter auch. Aus: Gerhard Rühm (Hg.): Die Wiener Gruppe. Achleitner, Artmann, Bayer, Rühm, Wiener. Rowohlt Verlag. Reinbek bei Hamburg 1967.

Rühmkorf, Peter, deutscher Schriftsteller (1929–2008)
Variation auf „Abendlied" von Matthias Claudius. In: Peter Rühmkorf: Gesammelte Gedichte. Rowohlt Verlag. Reinbek bei Hamburg 1976.

Scheerbart, Paul (Bruno Küfer), deutscher Schriftsteller (1863–1915)
Ich hab ein Auge … In: Paul Scheerbart: Katerpoesie. Ernst Rowohlt Verlag. Paris 1909.

Scheffel, Joseph Victor von, deutscher Dichter (1826–1886)
Der Ichthyosaurus / Das Hildebrandlied / Guano / Eine traurige Geschichte. In: Joseph Victor von Scheffel: Gaudeamus. Lieder aus dem Engeren und Weiteren. Erweiterte Ausgabe letzter Hand. Adolf Bonz & Comp. Stuttgart 1886.

Schiller, Friedrich von, deutscher Dichter (1759–1805)
Bittschrift. In: Friedrich von Schiller: Werke in 4 Bänden. Band 1: Gedichte. Hg. von J. G. Fischer. Verlag Eduard Hallberger. Stuttgart und Leipzig 1877

Schopenhauer, Arthur, deutscher Philosoph (1788–1860)

Gebet eines Skeptikers. Aus: Arthur Hübscher (Hg.): Gedichte von an über Schopenhauer. Haffmans Verlag. Zürich 1984.

Schubart, Christian Friedrich Daniel, deutscher Dichter (1739–1791)

Schneiderlied. In: Christian Friedrich Daniel Schubart: Gedichte. Aus der Deutschen Chronik. Hg. von Ulrich Karthaus. Philipp Reclam jun. Verlag. Stuttgart 1978.

Schwitters, Kurt, deutscher Schriftsteller und bildender Künstler (1887–1948)

Husten Scherzo. In: Kurt Schwitters: Das literarische Werk. Band 1. Hg. von Friedhelm Lach. Du Mont Literatur und Kunst Verlag. Köln 1973.

Stoltze, Friedrich, deutscher Schriftsteller und Publizist, Verfasser von Gedichten und Erzählungen in Frankfurter Mundart und auf hochdeutsch (1816–1891)

Die Wacht am Rhein. In: Friedrich Stoltze: Ausgewählte Gedichte und Erzählungen in Frankfurter Mundart. Hg. von Otto Hörth. Verlag HeinrichKeller. Frankfurt am Main 1913.

Storm, Theodor, deutscher Schriftsteller (1817–1888)

August (Inserat). In: Theodort Storm: Sämtliche Gedichte. Nachwort und Erläuterungen von Winfried Freund. Goldmann Verlag. München 1985.

Thoma, Ludwig, deutscher Schriftsteller (1867–1921)

Gräßliches Unglück, welches eine deutsche Familie betroffen hat / Der Ausflug. Aus: Ludwig Thoma: Gesammelte Werke in sechs Bänden. Verlag R. Piper & Co. München 1968.

Tucholsky, Kurt, deutscher Schriftsteller (1890–1935)

Wider die Liebe / Letzte Fahrt. In: Kurt Tucholsky: Gesammelte Werke. Bd. 1. Rowohlt Verlag. Reinbek bei Hamburg 1960.

Uhland, Ludwig, deutscher Dichter (1787–1862)

Der weiße Hirsch. In: Ludwig Uhland: Werke in 2 Bänden. Hg. von Hartmut Fröschle und Walter Scheffler. Band 1: Sämtliche Gedichte. Winkler Verlag. München 1980.

Vischer, Friedrich Theodor, deutscher Schriftsteller (1807–1887)
Prähistorische Ballade. In: Friedrich Theodor Vischer: Dichterische Werke. Dritter Band: Lyrische Gesänge. Verlag der Weißen Bücher. Leipzig 1917.

Wedekind, Frank, deutscher Schriftsteller (1864–1918)
Der Tantenmörder / Stallknecht und Viehmagd. Aus: Frank Wedekind: Prosa, Dramen, Verse. Albert Langen – Georg Müller Verlag. München 1960.

Wolf, Ror, deutscher Schriftsteller und Künstler (geb. 1932)
vier herren. In: Aussichten auf neue Erlebnisse. Frankfurter Verlagsanstalt. Frankfurt am Main 1996 © Schöffling & Co. Frankfurt am Main.

Alphabetisches Verzeichnis der Gedichte

*Gedichte ohne Überschrift wurden mit der ersten Verzeile kursiv
aufgenommen*

285

Wir danken allen Verlagen für die freundliche Abdruckgenehmigung. Einige Rechteinhaber konnten nicht ermittelt werden. Wir bitten sie, sich gegebenenfalls mit dem marixverlag in Verbindung zu setzen.